樂律

黃河變遷史

東周至宋的代河事

引真河水，從史書而來！

岑仲勉 著

鄴東故大河斷流 × 河徙年代推因

濟水三伏考證 × 汴河治理先例

黃河水流淌數千年，河道及流域幾經變化，
如何從史料記載的字裡行間去考證？
歷代的治水政策又暗示了黃河的多少變化？

目錄

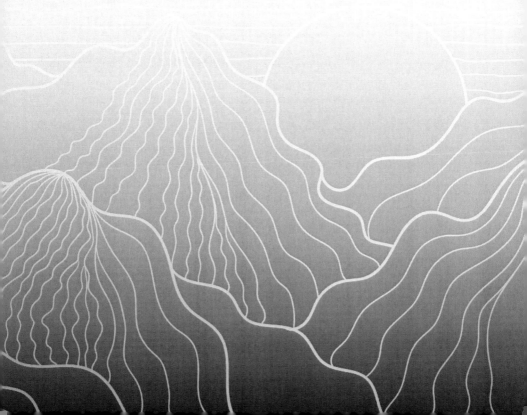

第七節
東周黃河改道以前的故道

▌一、青海以東黃河的水文介紹

　　東周的河變究竟發生在哪裡，第五、第六兩節還未解決這個問題，我們在進行討論之前，最好大略介紹一下整個黃河，尤其是黃河下游的水系分布。知道這些，對於我們的推測，是有很大幫助的。

　　現代推測，黃河幹流自發源處起至海口止，全長四千八百四十五公里。發源處的河床在海拔三千公尺以上，東北流至青海、甘肅之交，從左岸匯入的有湟河、大通、莊浪等水體，從右岸匯入的有保全、大夏、洮河等水體。

　　在甘肅皋蘭，海拔落至一千五百公尺。東北經中衛，河谷狹峭，中衛以下，構成漸寬緩之寧夏河谷，海拔一千一百公尺，北入綏遠為河套，沿岸地形平緩迂迴，東至包頭城南，海拔一千公尺。

　　再東而南折，行秦、晉之間，又入峽谷，直南至吉縣、宜川，降至海拔四百公尺；各水紛紛來會，最著的是山西之汾，陝西之渭、洛。到潼關後，急折向東，流過陝縣，出砥柱，更降至二百公尺。

　　孟縣、氾水以下，千里平原，常稱為華北平原，高度在海拔一百公尺之內；其中十分之九（如北緯四十度以南，京漢鐵

路以東及豫東、魯西黃河故道沿岸），均五十公尺以下。平原中之水，在黃河北邊的有河北水系，如永定河、子牙河等，源出察、晉高原，匯於天津為海河，流入渤海；在黃河南邊的有淮河水系，其北支如潁、茨、沘、渦、澮、灘等均源出豫東北部。[001]

但黃河氾濫之勢，北可以侵入河北水系，南可以侵入淮河水系，它的歷史最為凌亂，南、北兩系很受它的影響。在西漢以前，它的真相究竟怎樣，直至最近，還沒有人作過較系統的、較正確的解釋，本節的寫成，就是向著這個目標試作邁進。

再論到黃河出海所取的途徑，從明末顧一柔《山居贅論》當中的這段描述，生動描繪出一個河幅沖積的三角形：

「大河之流，自漢至今，遷移變異，不可勝紀，然孟津以西則禹跡具存，以海為壑則千古不易也。自孟津而東，由北道以趨於海，則澶、滑其必出之途；由南道以趨於海，則曹、單其必經之地。沖澶、滑必由陽武之北而出汲縣、胙城之間；沖曹、單必由陽武之南而出封丘、蘭陽之下，此河變之詫始也。由澶、滑而極之，或出大名，歷邢、冀、道滄、瀛以入海；或歷濮、範，趨博、濟，從濱、棣以入海。由曹、單而極之，

---

[001] 《黃河志》二篇六一七頁。

第七節　東周黃河改道以前的故道

或溢鉅野，浮濟、鄆（謂濟寧、東平），挾汶、濟以入海；或經豐、沛，出徐、邳，奪淮、泗以入海，此其究竟也。要以北不出漳、衛，南不出長淮，中間數百千里，皆其縱橫糜爛之區矣。」[002]

又《河防雜說》稱，由宿遷至清河黃、淮交會處，迤北之地，宿遷、桃源、清河三縣各占一部，沭陽、海州則全在其中，「此各州縣地畝原極卑窪，非地窪也，河高而只覺其窪也；故每遇堤工潰決一次，則民地亦漸漸淤高」[003]。從這一段話來看，冀、豫大平原是如何淤積而成的，更湧現在我們眼前。

黃河出海，本以往東直走最為快速，可是這條路恰好被現在的山東半島各山擋著。《康熙東華錄》二十一在「六十年四月」下記清帝說：

「山東登、萊諸山之脈，自關東來，結為泰山，是為北幹分支之一，在黃河之東。[004] 而黃河之西，山脈自終南、太一南屆淮、汝，為中幹分支之一。黃河行乎兩支之中，故昔時河自天津入海，以後漸徙而南，至淮安入海；而登州以上，馬谷山以下，從無黃河之跡者，山脈限之也。」

---

[002] 《錐指》四○下轉引。一柔是祖禹的父親。
[003] 《金鑑》五九引。
[004] 《黃河志》第二篇以為山東境內諸山，「多由於地殼斷落而成，形勢孤峭，重要山峰在泰安蒙陰、臨朐之間，如泰山、蒙山、魯山、沂山等是」（四一五頁）。

又《河防雜說》稱：

「自宿遷縣城西北起，一帶連山，約行九百里，至山東歷城縣地，始見平陽。再西北二百里，至德州城南，名黃河涯，乃宋朝以前老黃河故道也。黃河北行則必過歷城西北，南行則必出宿遷東南，然後有歸海之路。」[005]

從這兩段描述，可見黃河海口，受到自然環境限制，因此必定會影響到南方或北方。

這種情況，現代的科學解釋，也差不多一樣。如李協說：

「自孟津以下，北薄天津，南犯淮陰，數千里之面積，適如河口之三角洲，河道奔突蕩宕，如汊港更番。」

「觀黃河者，須知孟津 —— 天津 —— 淮陰三角形，直可以三角形視之。魯地山嶺，其海島也，則此三角形面積中，俱黃、淮諸流淤積而成也。其所以淤積如是之廣者，遷徙之功也。」[006]

簡單來說，冀、豫平原就是黃河的沖積平原，也就是累積無量的黃河泥沙而構成的三角洲。關於此事，張含英更有詳盡的解釋，他說：

「黃河下游豫、冀、魯及蘇之北部，莫非黃河淤積而成。

---

[005]　同注3。
[006]　前引《科學》九〇四頁，又九一〇－九一一頁。

換言之，即千萬年前，黃河曾漫流於此大平原者，不知其幾千百次也。故地勢平坦，一有沖決，任何處皆可作為河道。」

「黃河既攜此多量泥沙，東出峽谷，驟抵平原，流緩沙沉，逐漸淤澱，遂致海日益退，陸日益增，於是下游之大平原成焉。據黃河水利委員會之猜想，此大平原為七千四百年所積成，在此以前，泰山不過為海中之一孤島。……且在下游，凡有黃壤沖積之處，皆曾經黃流所波及，亦皆為黃河之領土。」[007]

遠古時期，黃河的河口還在今開封附近，平原一天一天地沖積，河口便一天一天地往東。據張氏猜想：

「流入海中之泥沙（每年約二五五，○○○，○○○立方公尺），假設因潮水沖刷而漂流於沿岸各處者為百分之三十，則淤積於河口者，每年為一七八，五○○，○○○立方公尺。若海岸之水平均深度為六公尺，黃河三角洲長為六十五公里，則海岸每年平均可前進四○三公尺。即約二年又六個月，可使長六十五公里之海岸進海中一公里。」[008]

姑且不論這些計算是否準確，海岸線推進速度則是一件無可疑的事（自黃河改道由利津入海以來，七八十年間，淤出新

---

[007]　《治河論叢》八七及九一頁。
[008]　同上第一○六頁。

地近三百萬畝 [009]）。

堯舜之世，洪水茫茫，幸得大禹治水，把黃河引上軌道，自此平安無事，直至周定王五年才發生第一次河川改道。往日正統派無論經學家或史學家，幾乎一貫抱著這樣的見解，所以定王五年以前黃河是怎麼樣子？很少有人注意到的。現在可不同了：從現代學者們的研究，可以知道中國在有史時期未曾鬧過洪水，更沒有大禹治水這一回事，而我在前一節裡面，推斷《禹貢》所記下的河道就是東周改道以後的河道，而改道之前的狀況，當然有點不同。地球不知形成了幾千萬年，自地殼表面結成水點之後，黃河時時刻刻在東流著，在有史的三千餘年這樣一個短短時期之中，大大小小，黃河下游已不知鬧過多少亂子，我們據今推古，能夠相信東周以前黃河總循著一條路來出海嗎？

▌ 二、上古時江淮的下游相通

未討論之前，對於這個問題，首先略表我的意見。有人認為江和淮、河和淮的下游相通「在歷史文獻中固有可徵」（如《孟子》），但這究竟是春秋戰國時水利工程發達後開通江淮

---

[009]　同上第七六頁。

（邗溝）和河淮（鴻溝）的反映，尚不能據以決定上古時代的史事。但我們又有什麼依據證明邗溝不是故道的修通，鴻溝不是自然的遺跡（這一點下文再說）？吳通江淮，固出《左傳》，然排淮注江，實出《孟子》，兩書的記載是對立的，不見得彼必是而此必非。

說到黃河，則自有歷史記載之前，南可入淮，最近研究綜合規畫的專家都如此看法，這裡不必一一徵引，只如吳傳鈞說：「至於下游在三門峽以下，則四千年來河道徘徊在海河和淮河之間的大平原上。」[010] 又馮景蘭說：「黃河下游河道的遷徙不定，或北走津沽，或南入淮泗乃按照自然規律而發展的自然趨勢。」[011] 黃河入淮既是自然趨勢，則鴻溝之通，即使讓一步如《史記》所說，也不過再次加工。同理，江和淮的下游相通實是按自然規律而發展的，不過《左傳》沒有詳細記錄出來罷了。

偌大問題，要如數家珍地一層一層推上去，固現在環境所不許。然而我覺得舊籍的記述，前人的討論，還多多少少遺漏著一點訊息，如果綜合起來，雖然不能斷定黃、淮、江三水是在遠古時代經過若干變遷，但它們下游的真相，似乎還可窺探一二。現在先把《孟子·滕文公》篇的幾句話引在下面：

---

[010] 《地理知識》一九五五年二月號。

[011] 《光明日報》一九五五年八月一日。

禹疏九河，淪濟、漯而注諸海，決汝漢、排淮泗而注之江，然後中國可得而食也。

關於這些話，有人直以為錯誤的，如朱熹注：

據《禹貢》及今水路，唯漢水入江耳，汝、泗則入淮而淮自入海，此謂四水皆入於江，記者之誤也。

有以為誤會的，如林之奇說：

此蓋誤指吳王夫差所通之水以為禹跡，其實非也。使禹時江已與淮通，則何須自江而入海，自海而入淮，為是之迂迴也哉。[012]

有以為不當依字面解釋的，如王端履說：

據戰國之水道，不可以釋《禹貢》……後儒……又求淮、泗注江之跡而不可得，則以《水經注》洩水之濡須口、施水之施口當之。……竊疑《孟子》言決汝、漢者，決汝入淮，決漢入江……注之江專指漢言，不指汝言……故必排淮、泗不使之注江，而後江與淮、泗各得安流而入於海，趙邠卿所以訓排為壅也；蓋《孟子》本當云排淮泗，決漢而注之江。[013]

有以為因溝洫而相通的，如傅寅《禹貢說斷》二：

---

[012]　據《禹貢說斷》二引。
[013]　《重論文齋筆錄》六。

淮之東大抵地平而多水，古溝洫法，江、淮之所相通灌者非必一處，豈但邗溝之舊跡而已哉。林氏之說，未可為通論。

更有以為實有其事的，《淮南子·本經訓》：

龍門未開，呂梁未發，江淮通流，四海溟涬，民皆上丘陵赴樹木。

朱熹《偶讀漫記》稱：

如沈存中引李習之《東南錄》云，自淮沿流，至於高郵，乃泝於江，因謂淮、泗入江乃禹之舊跡，故道宛然，但今江淮已深，不能至高郵耳。[014]

明萬曆二十三年，吳應明奏稱：

至治泗水，則有議開老子山，[015]百折而入之江者，即排淮、泗注江之故道也。[016]

明《泗州志》稱：

淮為黃扼，只得由大澗口、施家灣、周家溝、高梁澗、武家溝等處散入射陽、白馬、草子、寶應、高郵等湖，由湖迤邐

---

[014]　據《禹貢錐指》三三引，但《來南錄》只說「至揚州」，沒有「至於高郵」那一句。

[015]　《金鑑》一六三引《看河紀程》，翟家壩西北三十餘里為老子山。

[016]　《金鑑》三六引《明神宗實錄》。

入江，《孟子》所謂排淮泗而注之江者，此也。[017]

又許纘曾《東還紀程》說：

蓋舊淮故道，傳聞從盱眙出周家閘，過高梁湖、寶應湖至清水潭，由芒稻河入江。自宋、元以來築高家堰，導淮出清河口，故道久堙。

上頭引的都論江與淮的關係，似乎和黃河無關；但很古很古的時候，中國的東部海岸一帶，恐怕許多地方還是處在海平線下，並未淤澱（黃河河口也在內），經過日久，才陸續積成龜坼式的地面，同時，因水流的緩急，仍儲存著蛛網狀的支派，除非水流完全沒挾著沙泥，那是世界上任一大河的河口所常見的現象。我以為江、淮相通就因為這個緣故，孟軻的時代尚有不少古代傳說流傳著，所以他說淮、泗入江。像朱、王等認孟子是錯誤，無非用後世的地文來代替上古的真相。像李翱說出的親眼驗證，又已經過隋煬帝的開鑿，也是不能作準。傅寅認為古代田間水道流傳下來的方法，在《四庫提要》雖贊其「尤為諸儒所未及而卓然能自抒所見」，然而淮水下游地勢甚為低下 —— 尤其是，古代留有不少自然的水道，沒必要急著開通。據《錐指》四〇下引《淮安府志》，高家堰是後漢建安中太守陳登所築，是江、淮不相通，顯然不是起因於高聳的土堤，

***

[017] 《天下郡國利病書》三四。

許纘曾的傳聞，也有點不合事實。至如林之奇的駁議，完全以
《禹貢》揚州「沿於江海，達於淮泗」兩句為根據。學者們又引
《左傳·哀公九年》，「吳城邗溝，通江、淮」，十年，「徐承 [018]
帥舟師將自海入齊，齊敗之，吳師乃還」，及《吳語》「於是越
王句踐乃命范蠡、舌庸率師沿海泝淮以絕吳路」，替林氏來撐
腰，對於《吳語》記夫差所說，「余沿江泝淮，闕溝深水，出於
商、魯之間」，則駁稱吳人的師船不能通過。說到這裡，我不
能不喚起讀者們的注意，就是前文第六節所提出，珠江三角洲
地面至今仍有稱「河」為「海」的習慣，完全意味著河口一天一
天的淤積，變成滄海桑田的局面；這種景況，當然可設想其一
樣適用於古代半河半海的淮河下游，關於「海」字、「沿」字及
「泝」字，我們確不應咬文嚼字來解釋。尤其論到江、淮相通的
比較程度，江水究竟流至某一段為止，淮水究竟流至某一段為
止，那要看當日地勢的高低，水流的盛衰而隨時不同，並非可
以呆板地假定的。

因此，邗溝怎樣的起源，也就容易明白了。因為江、淮下
游彼此相通的港汊，到春秋末年或舊跡保留，或部分淤塞，吳
王夫差只按著這些故道，把它重新開通以便利交通，並不是由
他創始鑿成。《水經注》三〇：「（淮陰）縣有中瀆水，首受江

---

[018]　徐承是吳國人。

於廣陵郡之江都縣。……昔吳將伐齊，北霸中國，自廣陵城東南築邗城，城下掘深溝，謂之韓江，亦曰邗溟溝，自江東北通射陽湖，《地理志》所謂渠水也，西北至末口入淮。自永和中，江都水斷，其水上承歐陽埭，引江入埭，六十里至廣陵城。」永和是東晉年號（三四五－三五六年），我們由於東晉時江都水斷，也就可推想到春秋末葉，夫差因江淮交通中斷而再行溝通。蘇軾《書傳》，「吳王夫差闕溝通水，與晉會於黃池，而江始有入淮之道，禹時則無之」[019]，是不對的。《禹貢》一篇寫成在夫差之後，所以它說「沿於江海，達於淮泗」了。

長江下游的大平原怎樣構成，除去它自己的特殊性外，跟黃河的沖積，仍有著普遍性。不嫌詞費，這裡我且把海登斯坦（H.von Heidenstam）〈論長江三角洲之生長〉的論文，[020] 零零碎碎，摘譯一點，對於比較及參考，是很有價值的。

人們稱埃及為尼羅河的贈品，同樣的意義，江蘇大平原就是長江的贈品。這個三角洲依然在流動及生長的狀況，一如過去地劇烈，是極其有趣的研究。在平原上，自然大力的工作

---

[019] 據《困學紀聞》二引。汲縣出土趙孟壺的「禹邗王於黃池」（黃池會在元前四八二年），商承祚讀「禹」為「吳」，陳夢家讀為「遇」。《太平寰宇記》一封丘縣，「黃池在縣西南七里，東西三里。按《春秋》……杜預注云，陳留封丘縣南有黃亭，近濟水。《續金鑑》八載雍正八年嵇曾筠奏，「荊隆口與大王廟古黃池首尾交接」。《淮系年表》一三稱，嘉慶八年因河決淤平。

[020] J.North-China R.A.S.,Vol.LIII,1922,p.22-30.

著，與過去千萬年無異，能夠於比較短的時期創造或消滅一段陸地，數十年內能夠開闢些新河口而關閉些舊河口。全年水量平均每秒一，○五○，○○○立方尺。泥沙以重量計，平均為百萬分之五百，以容積計，為百萬分之三百五十。就是說，每年有一一，○○○，○○○，○○○立方尺或四○○百萬噸，足以使四百方里之地面加深一尺，或四十方里之地加深十尺。泥沙沖積之正面，過一百里以上，依降度每里三尺直至二百五十尺為止，則平均寬八十三尺有奇，構成八，三○○方里的面積。因之，這面積在二十年內應升起一尺。但平均降度是二千分之一，所以海岸在二十年內可推進二千尺，或六十年內推進一里。

中國大平原之生成，自然是兩大流域長江及黃河共同的工作。我覺得《禹貢》裡面敘述模糊的「三江」，充其量，只是意味著過去長江確有三角洲，即是說，長江有幾個出口，最少三個，可能更多，這樣解釋，是穩當及正確的。如果再要給它更詳細的數字，我認為很不妥當。

據丁文江一九一九年報告，如果我們在蘇北通過東臺畫一南北線，東南延長至太倉、嘉善，再南至海邊，我們就見得這條線以東所有的城市，都建立在五世紀之後。西元以後所立的三十四個城市中，有十八個在那條線之東。反之，線以西的四十九個城市，只有十七個是三世紀後的；其他都可回溯至紀

元前二百年。線以東沒有一個可回溯至五世紀之前的。還有一點，城市設立之年分，跟著它距離海的遠近而變異。

就中他指出不應過分強調「三江」的數字，正與我所主張不應過分強調「九河」的「九」數（見前節），可以互相發明。

三、上古時河淮的下游相通

既然已經知道淮與江的關係，我們就能觸類旁通，那麼，對於上古時候淮與河的關係，也就不難了解。

我們首先試問，為什麼黃河南岸邊緣有好幾個無源的水道向較遠的淮系流去？那一地帶固然有潦水要尋求宣洩，但沒有山嶺阻隔，照常理論，最少一部分應該歸入黃河的。可是，當大平原尚未完全形成的時代，黃河右側的順勢循著東南發散，那邊的潦水當然也跟著流出。久而久之，黃河主流的河床因為攜帶泥沙較多，比兩側漸抬漸高，又因時代越後，人們在正河邊緣所築攔防越多，南邊的潦水遂不能夠歸入黃河。我們明白了這種形式，便可以知道河淮兩系有史以來雖經過許多搗亂，為什麼直到今日，依然儲存著賈魯河、惠濟河那兩三個渠道了。

現在再看《史記》二九〈河渠書〉對那方面的交通，是怎樣說法：

第七節　東周黃河改道以前的故道

　　於是禹⋯⋯諸夏艾安，功施於三代。自是之後，滎陽下引河東南為鴻溝，以通宋、鄭、陳、蔡、曹、衛，與濟、汝、淮、泗會。於楚[021]⋯⋯東方則通鴻溝江、淮之間。

　　這一道鴻溝，究竟從哪個時代開始出現，是上古水利史饒富趣味的研究。程大昌認為「司馬遷明謂三代以後，乃始有之」，但他也說，張洎「謂始皇鑿渠以灌魏郡，是謂鴻溝，不知鴻溝之名，戰國蘇秦固嘗言之，不待始皇乃有也。又況史遷所記，言王賁攻魏，引河溝灌大梁，則是先有渠水而始皇引之以灌其城，非始皇創為此渠」[022]。閻若璩注重〈河渠書〉「自是之後」四個字，[023] 無非本自程氏，然而上古並無治水的大禹，「自是之後」的反駁，已完全失其效力。

　　〈河渠書〉所記載的，因為前人並沒有應用過唯物方法來觀察，令我很難置信。依司馬遷說，有人在宋、鄭、陳、蔡、曹、衛各國之間，挖開了一條鴻溝，接通了濟、汝、淮、泗那幾條水，我們首先要問，挖通的目的是什麼呢？春秋時代列國

---

[021]　舊日學者們都誤在「於楚」下斷句；《困學紀聞》一二引朱熹《答吳世傑書》：「如《溝洫志》於楚字本文屬下句，下文有於齊，於蜀字皆是句首，而劉（奉世）誤讀屬之上句。」周壽昌《漢書注校補》二七又引《河渠書》這一段作證，周氏的見解，還嫌未ได徹底。今本《史記》二九「於吳」、「於齊」、「於蜀」都作「於」，獨「於楚」則作「於」，「於」、「於」兩字在古文裡面用法有分別，已經高本漢證明，那無怪文穎、劉奉世、程大昌等都誤以「於楚」斷句。我們要糾正這種錯誤，須將「於楚」校正為「於楚。」

[022]　《禹貢山川地理圖》下。

[023]　據《錐指》二二。

各自為政，互相猜忌，勾心鬥角，唯恐外力侵入，它們能通通答應，不提防被人暗算，像假道於虞以伐虢那一類的計策嗎？春秋的商務雖相當發達，但這幾個國家範圍裡面，陸運工具似乎儘可應付得來，也無急急發展航運的必要。

　　而且，這件事和夫差的政策不同，我們從《吳語》可知：「吳王夫差……乃起師北征，闕為深溝，通於商、魯之間，北屬之沂，西屬之濟，以會晉公午於黃池。」他抱著爭霸中原的目標，在本國領域內自然可為所欲為，重新把舊跡開通河道，不怕被人干涉。鴻溝要通過許多國家的國境，情勢便大大不同了。

　　鄭肇經對此，曾用考證方法加以分析，他說：「按鄭之始封，在宣王時（元前八二七－七八一年），則鴻溝之引，必在鄭始封之後。而胡渭謂：『河水為鴻溝所分，力微不足以刷沙，下流易致壅塞，此宿胥改道之由。』是鴻溝之引，又必在周定王五年（元前六〇二年）河徙以前。鴻溝既開，始有河、汴之患。又『東周至春秋（西元前七六九－六〇二年），王室衰微，水官失職，諸侯各擅其山川以為己利，於是自滎陽下引河為鴻溝……河於是始發大難之端矣！』」[024] 他循著胡渭的意見，認定王五年以前已有鴻溝，這一點是正確的。除此之外，《史記》

***

[024]《水利史》一八九及四頁。

用「宋、鄭、陳、蔡、曹、衛」字樣，只是借後世的地名，來
表示水川的途徑，我們不應該認為，「鄭國」才開始有鴻溝。宿
胥改道，由於鴻溝分流，又只是胡渭的臆測，而且宿胥改道，
也不是定王五年的事（參看下文第八節一項）。如果「諸侯各擅
其山川以為己利」，則我在前文已指出這樣貫通的河渠，尤不
易取得六七國的同意。鄭氏錯誤的出發點，在認定春秋起才有
河患，而實際上則洪水暴漲，早發生於人類奠居以前，黃河的
可怕應已深深印入人們的腦中，哪一國肯招致這些「禍水」引
狼入室呢？

　　《淮系年表》一四稱：「欲於淮系範圍中謀大水利，其目光
不可不一及於黃河。」唯對淮系具有深入了解，才能作出這樣
的斷定。獨怪同書的《水道編》又說：「黃河古不通淮，汴蔡
之流，利溥中州，然汴首受河，蔡首受汴，黃河之水已與潁淮
通矣。」認河通潁淮雖然不錯，但說河古不通淮，則武氏的意
思似以相通為後世的事。可是徵諸水文歷史，水川往往本來相
通，越後乃越多阻隔，武氏還被〈河渠書〉所束縛，故以為周
時「始間接通淮」。讓一步說，引導一條鴻溝，按照當時經濟發
展，僅夠配合，何至如「《水經注》所載濟水、滎瀆、汳水、
蒗蕩渠以及睢、靳、洨、渙、渦、沙、夏、肥諸水皆鴻溝所
導」，直達於過步開發的程度呢。洪水的恐慌，古人怕還比今
人為敏感，難道大家都樂於開門揖盜嗎？

這既不是，那又不是，我們唯一的轉語，只有認鴻溝是上古自然的遺跡。〈河渠書〉著「引河」字，遮蓋了自然的地理二千多年，至今仍無從得知。

關於河與淮古代已相通，本來可拿《禹貢‧徐州》「浮於淮泗，達於河」那一條來作證。但這是《禹貢》文字上錯誤爭論的焦點，雖然《史記》二〈夏本紀〉作「通於河」，《漢書》二八上〈地理志〉作「達於河」，可是舊日經生們因《說文》荷字下稱，《禹貢》，「浮於淮、泗，達於菏」，都認為《禹貢》的「河」是「菏」字之誤，也就是《禹貢》豫州的菏澤。胡渭說：

> 《漢志》山陽郡湖陵縣下云：「《禹貢》浮於淮、泗，達於河，水在南」，漢時湖陵縣安得有黃河？此「河」字明系「菏」字之誤，「水在南」謂菏水在縣南也。酈道元《泗水注》引此文云，菏水在南，《水經‧濟水》篇言菏水過湖陸縣南，東入泗，皆確證，不獨許慎作菏也。[025]

這是他們最強的反證。然而河與淮在古曾有過一個時期相通，事實上僅有許多確證，不容易抹煞，我們無需專提《禹貢》這一條來討論。

自漢以至近世學者們的記載和言論，表示著河與淮古本相通的尚有不少，今就個人所知，總錄起來，使我們取得了正確

---

[025] 《錐指》三二。

的觀念，然後再討論這個問題。

　　始皇二十二年，王賁攻魏，引河溝灌大梁，大梁城壞。
（《史記》六〈秦始皇本紀〉）

　　〈秦始皇本紀〉，決河灌大梁，遂滅之，通為溝，入淮、
泗。（《漢書》一　下如淳注）

　　徐偃王欲舟行上國，乃通溝陳、蔡之間。（《博物誌》）

　　大禹塞滎澤，開之以通淮、泗，即《經》所謂蒗蕩渠也。
（《水經注》五）

　　又東北流逕四瀆津……自河入濟，自濟入淮，自淮達江，
水徑周通，故有四瀆之名也。（同上）

　　昔大禹塞其淫水，而於滎陽下引河東南以通淮、泗。（同
上七）

　　禹又於滎陽下分大河為陰溝，引注東南以通淮、泗。（《宋
史》九三〈河渠志〉太宗至道元年張洎奏）

　　自淮、泗入河，必道於汴，世謂隋煬帝始通汴入泗，禹時
無此水道，以疑《禹貢》之言。[026] 按《漢書》，項羽與漢約中
分天下，割鴻溝以西為漢，以東為楚……即今官渡是也。[027]
魏武與袁紹相持於官渡，乃楚漢分裂之處，蓋自秦漢以來有

---

[026]　即指《禹貢》「達於河」那一句。

[027]　《漢書》一上鴻溝注：「應劭曰，在滎陽東南二十里。文穎曰……即今官渡水
也。」

之，安知非禹跡耶？……其後，或為鴻溝，或為官渡，或為汴，上下百餘里間不可必，[028] 然皆引河水而注之淮、泗也。故王濬伐吳，杜預與之書曰：足下當逕取秣陵，自江入淮，逾於泗、汴，泝河而上，振旅還都；濬舟師之盛，古今絕倫，而自泗、汴泝河，可以班師，則汴水之大小，當不減於今，又足以見秦、漢、魏、晉皆有此水道，非煬帝創開也。（蘇軾《書傳》）[029]

河行冀、兗為多，而青、徐其下流，被害尤甚。（同上）[030]

淮、泗之通河久矣，隋時濬汴而大之爾，汴即《水經》所謂汳也。（《禹貢說斷》二引葉夢得）

《吳語》，夫差起師北征，闕為深溝於商、魯之間，北屬之沂，西屬之濟……此自淮入汴之道也。（王應麟《困學紀聞》二）

明萬曆中，黃克纘修《古今疏治黃河全書》，引宋張洎疏，以為《禹貢》九河之外，原引一支南行入淮、泗。（《四庫全書總目》七五說，「未免出於附會」，是主觀的批評）

---

[028] 《史記》七〈正義〉：「張華云，大梁城在浚儀縣北，縣西北渠水東經此城南，又北屈分為二渠：其一渠東南流，始皇鑿引河水以灌大梁，謂之鴻溝。……其一渠東經陽武縣南為官渡水。」《史記》八〈索隱〉引文略同。按張華說與上條注引文穎說有異，即所謂「上下百餘里間不可必」者。

[029] 據《錐指》二二引。

[030] 同上二九引。

　　《孔疏》云，冀州之水，不徑兗州，常深以為疑。及讀《河渠書》，禹道河至於大伾……忽憬然如夢初覺，知降水、大陸、九河之區，堯時尚未為河所徑也，孔義精絕，蘇（軾）說更暢於《孔》。或謂堯時青、徐無河患，青所治者濰、淄及汶，徐所治者淮、沂及泗耳，於河無涉。余按漢武帝時，河決瓠子，東南注鉅野，通於淮、泗，是患及徐也。成帝時，河決東郡、平原，氾濫入濟南、千乘，是患又及青也。當二渠未廝之日，河自大伾以下，行平地數為敗，安知青、徐之境不若後世之橫被其害乎？（《錐指》二九）

　　愚謂懷襄之世，河從大伾以東，早已潰決四出，太史公云，行平地數為敗，是也。（同上）

　　或問禹始引河，北載之高地，然則水未治以前，河從何處行？曰，堯時從大伾山南[031]東出，或決而北，或決而南，氾濫兗、豫、青、徐之域。（同上四　中下）

　　河雖濁水，性固就下也，可以北不必於北，可以南不必於南，奚以明其然也？自有天地即有河，陶唐以前蓋不知其幾千萬年也，其北耶？南耶？不可得而知也。……抑聞之，酈道元云，禹塞淫水，於滎陽引河通淮、泗，濟水分河東南流，則當時已不盡北。（《經世文編》九七裴日修〈治河論〉。裴是雍、乾間人）

---

[031]　如果依鄭玄說「大伾在修武、武德之界」，張揖說「成皋縣山」，那就完全是後來濟水的流域了。

夫河、淮古稱二瀆，河水東過榮陽，蒗蕩渠即大禹所關以通淮、泗之路者，河至是借淮以相為梳理，河、淮之合，從來舊矣。（《經世文編》九七魯之裕〈治河淮策〉）

首先要說明的，《史記・秦始皇本紀》的「河溝」，是鴻溝、陰溝的略稱，那時黃河的主流與大梁（開封）相去很遠，王賁是沒法決它來灌大梁的，這正與〈河渠書〉認戰國前已有鴻溝相合。如淳不知就裡，刪去「溝」字，改為「決河灌大梁」，更進一步誤認王賁之後，才有通入淮、泗的鴻溝，那是如淳的大大錯誤。除此之外，從前一節的內容，已知《禹貢》的河道是指東周河徙以後的河道，然則上文彙集的記載或研究，我們只須將「堯時」[032]「禹跡」那些神話字樣除去，剩下的話就可拿來推測東周河徙以前黃河的舊道。現在綜合各說，得出兩個很為重要的結論：

（一）行平地　舊道是行經豫、徐、青三州的地方。

（二）不經冀州　不經現在的河北而出海，其下流和東周河徙後的新道完全不同。

換句話說，舊道是從徐、青兩州分道出海，它和淮的關係，就跟前文提過淮與江的關係一樣，兩條水的下流，可以互相通接。這個決定也不是我個人的武斷，讀者們試檢閱《錐

---

[032]　堯是人格化的神帝，我別有考證。

指》二七胡氏所繪《滎陽引河圖第二十四》，便一望而知了。他於這圖上注稱：

> 此即河陰縣西之石門渠也。《水經》之濟水，京相璠名曰出河之濟，酈道元以為蒗蕩渠；渠分濟水，其支派汳、睢由泗入淮，沙水一入淮，一合汝、潁入淮，渦水亦入淮，故曰與濟、汝、淮、泗會。……故作是圖以列於定王五年河徙之前云。

這是他承認定王五年以前河淮相合的確據。[033] 然而《禹貢》的寫成是在定王五年以後，黃河的大流或正流雖已改道向東北出海，但原日的河道，仍然未盡淤塞（見下文），不知名的《禹貢》作家抱持著舊聞，所以說「浮於淮、泗，達於河」。胡氏沒有看破這點，他的著書就陷於駁而不純，所以後來有好幾位先生批評他的錯誤；不過他用功頗深，確實掌握上古河道的真相，有清一代研究《尚書》的各家都覺得望塵莫及，這是我應該向讀者們推薦的。

至於汳是黃河分流的一支，其下流入淮，據前文杜預、蘇軾所敘述，已很明白，劉堯誨《治河議》下竟以為「……是宋以前河東北流而不受汴水也……是元以前黃河東南流而不受沁水也」。[034] 如依劉氏所了解，汴水只恃須、索、京、鄭各水以為

---

[033] 葉方恆《全河備考》（或稱《南河全考》）以為漢武時河決濮陽瓠子口，「蓋河始與淮通，尚未入淮」（《經世文編》九六），是不對的。

[034] 《天下郡國利病書》四一。

源，則可說「汴水」與黃無關。但據我們所了解，自有紀錄以來至於北宋，汴的大部分水源都靠分自黃河，沒有黃，汴就幾不能自立，那不是河受汴或不受汴的問題，而是河分汴或不分汴的問題。劉氏把予受互倒，對河史簡直一知半解。

四、關濟水三伏三見的玄想或謬說

世界上各大河流所沒有而為黃河特殊突出的現象，就是常鬧改道的亂子；無獨有偶，單就改道而論，黃河之外，在中國還可以找到別一個來陪襯。徐炳昶說：「原塔里木河行沙漠中，亦嘗如黃河之改道。」[035] 按塔里木在焉耆以西有無改道不可知，往東則近人已發現它故道的遺跡（當然與黃河因黃土淤墊而改道不同），因之，它的蓄水池 —— 羅布泊也跟著移轉，新的比舊的南北相差約一度之遠。[036] 不過塔里木的改道為環境所

---

[035] 《禹貢》四卷九期八頁。

[036] 參徐藝書譯、斯文·赫定《漂泊的湖》。最近傅仁麟、蘇北海所寫的《羅布泊的遷移》，大致說，他們雖不否認泥沙和暴風所起的作用，「但是，羅布泊的歷次變遷，自然所起的破壞作用，僅是次要的原因」。其主要原因則是封建地主階級霸占水利（《地理知識》一九五五年五月號）。按霸占水利因而破壞渠道，是封建時代所常見的事實，但我們應該分開來看，如果說羅布泊「歷次變遷」都以此為主因，未免有點過火。我們只須看《水經注》二記姜賴之墟之淹沒，《漢書》南道之斷絕，就知道暴風和沙漠為災，上古已是很屬害的，這種現象還可推至有史文記載以前，能夠說主因全是人為嗎？固然有些是因為舊日人謀不臧，但如暴雨和黃土流失（亂伐森林和盲目開墾雖加速黃土流失，可是冀魯豫大平原本由黃土沖積而成，這見得荒古時代早發生流失現象），卻不能認人

限，總沒有像黃河來得那麼頻繁。

在我們試著盡可能考定東周河變，來了解黃河的改道以前，黃河所經的道路，首先就遇著一個莫名其妙而急待澄清的問題，就是《禹貢》的濟水（濟或作泲）[037]。據《禹貢》說：

> 導沇水，東流為濟，入於河；溢為滎，東出於陶丘北，又東至於菏，又東北會於汶，又北東入於海。

由於前人承受上古的臆測，或不明水道的變更，於是累積而成三伏三見的怪說。

甲、一伏一見說

《水經注》七〈濟水〉條說：

> 《山海經》曰，王屋之山，聯水出焉，西北流，注於泰澤。郭景純云，聯、沇聲相近，即沇水也，潛行地下，至共山南，復出於東丘。……今濟水重源出溫城西北平地。[038]

事為主因，簡單地說，像這樣的現象，地理環境還是不可輕視的。據蘇聯學者西尼村所寫的《羅布諾爾窪地及羅布泊的地質史》，他也認羅布泊「是一游移水泊」，又說，「盆地基底的塊狀變位」是它偶然遷移的原因，其詳細情形，還待研究（一九五五年《地質譯叢》四期第一二一一八頁），可見未作過科學實踐以前，不可輕易作出片面的斷論。最後才擒得傅祖德對這問題的詳細批評，他指出應先解決的計有三項，其第二項為「在沒有人類社會活動以前這些條件是否已經存在或有可能產生？其形成過程怎樣？」（一九五五年《地理知識》九月號二八七頁）前頭我所說，與它大意是一樣。

[037]　《管子·地數》篇：「君伐菹薪煮泲水為鹽。」泲水就是濟水。

[038]　溫城，戴本改作「軹縣」。考《禹貢》《孔傳》：「流去為濟，在溫西北平地。」《正

這是一伏一見。我們根據明李濂《遊濟瀆記》：

舊記，濟水出王屋山頂太乙池，伏流地中，東行九十里，復見於此，其太乙池，今亦涸矣。[039]

可見濟水一伏的話，毫不可信。太乙池已涸而濟水猶涓涓地流出，就足構成最有力的反駁。

乙、二伏二見說

《漢書》二八上「河東郡垣縣」：

《禹貢》，王屋山在東北，沇水所出，東南至武德入河，軼出滎陽北地中，又東至琅槐入海，過郡九，行千八百四十里。

又《釋名》：「濟，濟也；源出河北，濟河而南也。」[040] 濟水再伏說就以這為根據。《禹貢山川地理圖》上的駁論是：

其後，唐高宗疑濟源與河不接，而許敬宗止以伏流為對，其說蓋取重源以為本祖。獨不思濟其果能伏流，則當高宗之世，滎口雖不受河，猶有溢流汩出地底，則伏流之說信矣。今其河水不入滎口，則滎澤遂枯，尚言伏流，不其誣耶。

義》：「見今濟水所出，在溫之西北七千餘里，溫是古之舊縣，故計溫言之。」則溫城為合。《錐指》四二雖稱「王屋山在今懷慶府濟源縣西北八十里，本漢軹縣，屬河內郡。」但王屋山不是平地，似不應改作「軹縣」。

[039] 據《錐指》四二引。

[040] 《水經注》七引《春秋說題辭》：「濟，齊也。」

又王綱振的駁論是：

如時以東流為濟，溢為滎為見，則漾東流為漢，匯為彭蠡亦可為見乎？又若以入於河為伏，則渭入於河，洛入於河亦可為伏乎？[041]

又《水經注》七於濟水過敖山後稱：「自西緣帶山，秦漢以來，亦有通否，濟水與河，渾濤東注。」既渾濤東注，則河、濟已不可分，一伏還可說出於揣測，二伏的理由越加不充分了。《後漢書》二九〈郡國志〉河內郡溫縣：「濟水出，王莽時大旱，遂枯絕。」胡渭以為「專謂北源」，胡氏又稱，《酈注》亦於溫縣濟水故瀆下言之，其所云枯後復通，津渠勢改者，謂濟水自溫縣入河，不復東至武德耳，而滎陽以下，絕無一字道及，殆與河南之濟無涉」，[042] 均能得司馬彪的真意。至如《禹貢山川地理圖》上所稱，「況濟之入河，古今皆自溫縣，故瀆至今不塞，則謂王莽時枯竭者亦妄」，則因誤會作濟水永枯，所以發生這樣的批駁。

到了唐代，所謂「河南的濟水」已發生變化，唐人為適合現狀，《後漢書》一〇六注遂說：

濟水出今洛州濟源縣西北，東流經溫縣入河；度河東南入

---

[041]　據《錐指》四二引。

[042]　《錐指》四二。

鄭州，又東入滑、曹、鄆、濟、齊、青等州入海，即此（濟）渠也。王莽末旱，因枯涸，但入河內而已。

把「河北真濟水」的枯絕，移為「河南假濟水」中斷的原因。往後作品，如《通典》一七二：「濟水因王莽末旱，渠涸，不復截河過。今東平、濟南、淄川、北海界中有水流入於海，謂之清河，實菏澤、汶水合流，亦曰濟河，蓋因舊名，非本濟水也。」[043]又《元和志》一〇：「濟水自王莽末入河，同流於海，則河南之地無濟水矣。」似乎已進一步了解濟水的現實，但仍跳不出舊說的圈套。至於「二見的濟水」何時和何故斷流，待下文第九節再行詳論。

丙、滎及滎澤

《禹貢》的作家為什麼有「溢為滎」的想法，這對研究黃河變遷史很有關係。大凡雨水匯流的地方，如果清濁不同，每每呈現著很分明的分水線；但相隔不遠，那些界限就完全消滅（梧州附近桂江與鬱江相會的地方，即有這種現象）。濟水入河在河的北岸，滎在河的南岸。濟水不過一道很平常的小川，並非源遠流長的大水，為什麼它們倆有直接的關係？對這個疑問，

---

[043] 《禹貢山川地理圖》稱：「杜佑以莽末濟不截河而南，於是凡濟水下流，悉棄不錄，且謂漢以前郡國之以濟名者，濟南、濟北、濟陰、濟陽，皆命名者失於詳考。」

第七節　東周黃河改道以前的故道

經生們的解釋也不一樣，如：

濟水入河，並流十數里而南截河，又並流數里，溢為滎澤，在敖倉東南(《尚書孔傳》)，此皆目驗為說也。濟水既入於河，與河相亂，而知截河過者，以河濁濟清，南出還清，故可知也。(《尚書正義》)

濟自大伾入河，與河水鬥，南泆為滎澤。(《水經注》七引《晉道地誌》) [044]

古者五行皆有官，水官不失職，則能辨味與色，潛而出，合而更分，皆能識之。(《新唐書》二二三上許敬宗對高宗的話) [045]

傅寅《禹貢說斷》三的《滎澤辨》：

濟既入河，與河相亂，而其溢為滎也，禹安知為濟哉？孔穎達謂以其色辨，東坡謂以其味別，而許敬宗則以為入河伏流而出，鄭漁仲則以為簡編脫誤，林少穎則以為禹分殺水勢，[046] 而程泰之則又以為水會於河既多，河盈而濟繼之，故溢而注滎

---

[044] 下文傅寅所引程泰之(大昌)說，即從此演變。

[045] 此外，蔡沈以為河底穴地而來，胡渭以為濟瀆所經，其下皆有伏流，遇空竇即便湧出(見《錐指》四二)，都無須逐條辨正。

[046] 傅寅以為林氏的意思「謂沇入河而河溢，故禹決滎瀆以殺之，而滎瀆非濟」。那麼，林氏的意思，實跟我所主張蒗蕩渠(即滎瀆)為黃河故道，互相發明。他的論據的缺點，只在錯認《禹貢》是敘述定王五年以前的河道，未能揭破《禹貢》的真相。

也，紛紛之論，將孰從而折衷乎？

無論哪一說，我覺得理由都很不充分，前人已多有辨明，林之奇說：

濟清而河濁，濟少而河多，以清之少者會濁之多者，不數步間，則清者皆已化而為濁矣。既合流數十里，安能自別其清者以溢為榮乎？[047]

又胡渭說：

傳言濟與河並流始在北，繼截河而南，則似兩人同行街北，一人忽截街而南，別與人同行數里，乃獨抵所欲詣處，人之行路，固有然者，水則安能？且河大而濟小，濟既入河，河挾以俱東，濟性雖勁疾，恐亦不能於大河之中，曲折自如若此也。……謂濟與河亂，南出還清，自穎達始……俗語不實，成為丹青……其是之謂矣。……東坡謂禹以味別，知榮之為濟，說本許敬宗，亦非。[048]

皆是根據物理，加以糾正，無需我再為補充。我所欲提出而且需要特別注意的，就是榮是澤名，抑是水名，或兼有兩項的意義。《穆天子傳》五：「浮於榮水，乃奏廣樂。」又《周禮‧職方氏》豫州：「其澤藪曰圃田，其川滎（滎即榮的別體）、

---

[047]　據《錐指》四二引。
[048]　同上四二。

雒。」都不以為澤名。據近年學者們的研究,《周禮》無疑是戰
國人的作品,跟《禹貢》的撰寫同屬一個時期,似可反映著《禹
貢》「滎」字的真義。唯是,《左氏傳》特著衛侯及翟人戰於滎
澤,滎本屬鄭國,翟的大本營卻在山西,翟入侵衛,為什麼竟
在黃河南岸的別國境內交戰?《禹貢正義》:「鄭玄謂衛、狄戰
在此地。杜預云,此滎澤當在河北,以衛敗方始渡河,戰處必
在河北;蓋此澤跨河南北,但在河南多而得名耳。」(「河南」
二字,據《詩‧墉風正義》校正)按明人劉天和《問水集》稱:
「孟津而下,夏秋水漲,河流甚廣,滎澤(縣)漫溢至二三十
里。」[049] 明代尚這樣寬闊,則在千餘年前春秋之末,河面必更
汪洋可觀。換句話說,河水流至滎澤縣地面,一望無際,就好
像匯成一個大湖,「溢為滎」這句,也許是古人對於河流寬廣的
簡描,所以南北兩岸都可稱滎澤。有此進一步的了解,我們直
可不必追問古代有無「滎澤」;至濟水再伏再見的理想,也恐怕
因為河面特別寬廣而產生。

　　更後的記載如《爾雅‧釋地》的十藪,只說「鄭有圃田」
(郭璞注,「今滎陽中牟縣圃田澤是也」),與《周禮》同,沒提
及滎澤。胡渭引《水經注》七的郊城陂,以為「昔人導澤為川
之路」[050],實本自曾旼所說,「禹時為滎澤而已,至周則為

---

[049] 《金鑑》二四。
[050] 《錐指》四二。

川」[051]，這種解釋，我覺得很難成立。因為（一）春秋時代沒有在國際間開鑿一條運河的可能，前文經已討論過。（二）《禹貢》只表示戰國時代的現狀，依這樣把曾說來改正，豈不是「春秋時為川，戰國時為滎澤」，哪能說導澤為川？

　　如果依據《禹貢》「滎波既潴」，認黃河經過那裡，跌成蓄水池的「滎澤」之後，仍向東流而構成「滎瀆」，這並非沒有可能性，但滎澤的淤塞又在什麼時候呢？胡渭引《漢志》，「軼出滎陽北地中」，認為就指滎澤，自平帝之世至明帝永平十三年，汴決壞六十餘歲，所漂數十許縣（據《漢書‧王景傳》及《明帝紀》），「濟渠即滎瀆，南去滎澤不過二十餘里，則固在所漂數十縣之中者也。河水氾濫，必至其處，歷六十年而後已，填淤之久，空竇盡窒，地中伏流不能上湧，滎澤之塞，實由於此」。[052] 除去伏流謬說，前文已有批判外，《漢書》編成在永平之後，《漢志》既未明提「滎澤」的名稱，再沒說「滎澤」已淤，「軼」、「溢」兩字通用，似無非抄襲《禹貢》的「溢為滎」而略為改變其文字，並不是新的材料。胡渭的斷定「至東漢乃塞為平地」，不外根據《尚書》鄭玄注而加以推測；《禹貢正義》引鄭注，「今塞為平地，滎陽民猶謂其處為滎澤，在其縣東」，鄭只說東漢時已塞，並沒清楚地指出到東漢才塞。

---

[051]　同上引。
[052]　同上《錐指》。

　　《水經注》七對滎澤雖有記載，但下文復稱：「黃水又東北
至滎澤南，分為二水；一水北入滎澤下為船塘，俗謂之郟城
陂，東西四十里，南北二十里，《竹書・穆天子傳》曰，甲寅，
天子浮於滎水，乃奏廣樂，是也。」依文義來看，郟城陂是與
滎澤相連，酈道元更引《穆天子傳》滎水作證，好像郟城陂就
是滎澤，[053] 然而道元的話，未必可靠。最可怪的，《元和郡縣
誌》八「滎澤縣」下稱，「滎澤，縣北四里」，更好像滎澤至唐尚
存，奈唐代別的書志沒有說過，不知李吉甫何所本據。復次，
京相璠稱滎澤在滎陽縣東南（《水經注》七。晉以前的滎陽縣，
在今滎澤縣西南十七里），唐的滎澤縣在今滎澤縣北五里，依
這些方向、距離來推測，則《元和志》所說的滎澤，應在晉以
前的滎陽縣之北，與京相璠的解釋也不相合。所以，李吉甫說
唐時還有滎澤，跟胡渭說滎澤到東漢才塞，同是一樣沒什麼
確據。

　　假使我們承認古代有過滎澤到後來才淤塞的話，同時就應
研究淤塞的原因。關於這個問題，我覺得程大昌的解釋較好，
《禹貢山川地理圖》稱：「滎澤，鄭氏曰，今塞為平地，滎陽民
猶謂其地為滎澤，酈道元所言亦與鄭合……則可以知滎本無
源，因溢以為源，河口有徙移，則滎之受河者隨亦枯竭。」因

---

[053] 《禹貢山川地理圖》稱：「厘城、黃水之間，其謂為郟城陂者亦滎澤也，王隱謂
　　　此澤此陂之間，有濟堤焉，其《經》之所書謂為滎波既瀦者乎。」

為東周前黃河的正流，行濟瀆出海，滎澤仍常常得著河水的補充；可是，東周河徙以後，正流已改趨東北，滎澤不可能時常獲到鮮水，變成好像死水的內湖，結果便很易枯竭。梁山泊在金代因黃河改流，不上幾十年，即整個淤為耕地，是極好的例子。所以我對於滎澤（假定系）消滅的見解，跟胡氏不同：（1）由於澤水本身的滲漉性、蒸發性而乾涸，不盡由於河泥之填平。（2）可能在戰國時期已經乾涸，故《漢書·地理志》沒有記載，並不是存在至東漢初年。

丁、三伏三見說

《新唐書》二二三上載許敬宗的話：「自此（溫）洑地過河而南出為滎，又洑而至曹、濮，散出於地，合而東，汶水自南入之。」曹、濮指唐代的曹州（今曹縣）、濮州（今濮縣）。據《水經》所記，敬宗誤認為濟水再出的蒗蕩渠，其北支即北濟（見下文），原來東行經陽武（今同名）、封丘（今同名）、平丘（今長垣）、濟陽（舊蘭儀）、冤朐、[054] 定陶（今同名）等縣。換句話說，東周前黃河的北支（說詳下文五項）就經過上文列舉的各縣，下流東至瑯槐縣（今廣饒）入海，到六朝時遺跡還未盡湮滅，我們從《水經注》七、八兩卷便可見得。但到唐時已不

---

[054] 《地理今釋》，冤朐今菏澤縣西南，考唐的曹州在今曹縣西北六十里，《元和志》一一，冤朐東至曹州四十七里，依此量計，冤朐應在今東明境內，恰與《金史》二五「東明初隸南京，後避河患，徙河北冤朐故地」相符。

第七節 東周黃河改道以前的故道

能保持，[055] 像胡渭所說，「經流一去，枝瀆皆空」（引見後），敬宗無法了解，遂強捏三伏、三見的玄虛以求塞責；胡渭不知就裡，反來替他圓謊。

榮澤自周以前，已導為榮川，與陶丘復出之濟相接，故《漢志》於軼出榮陽地中下，即繼之曰，又東至琅槐入海，而定陶縣下亦止云《禹貢》陶丘在西南，不引東出之文，蓋三見之跡，不可得見久矣。[056]

那都由於胡氏迷信吳澄「出者言在平地自下而湧，非有上流，如某水至某處之至」[057] 的誤解，不信「出猶經過」的正解，遂至被敬宗欺騙而勿覺。沈括《夢溪筆談》說：「今歷下凡發地皆是流水，世傳濟水經過其下，東阿濟水所經。」說的像煞有介事，更令三伏的怪話，易於得到前人迷信。

說至這裡，異常複雜的濟水三伏問題，算是整個澄清，歸納來說，即：

（一）太乙池並不是濟水的真源，所謂一伏，無非承自黃河重源那一套的古舊理論。

（二）濟水的始末，就自發源處起至入河處止，與黃河南岸

---

[055] 參考前文所引《後漢書》一〇六注，《通典》一七二及《元和郡縣誌》一〇。又《錐指》四二也有「由東漢以迄後魏，濟未嘗一日絕」的話。

[056] 《錐指》四二。

[057] 同上引。

的滻蕩渠毫無關係，既無所謂二伏，那更無所謂三伏。

（三）滻蕩渠實是東周前的河道，其北支原經由定陶東行入海，中斷是六朝時的事，無所謂再伏而三見。[058]

五、東周時黃河故道的異名怎樣見得濟水是東周時黃河的正流？

黃河北邊的濟水究竟怎樣會跟黃河南邊的滎瀆即滻蕩渠聯繫起來呢？依前面的辨證，滻蕩渠既不是由人工鑿成，而它的歷史卻若斷若續，和胡渭所說：「凡河所經之地，納山源大川，則河徙而瀆不空，漳水循河故道專達於海是也，不然，則經流一去，枝瀆皆空，久之化為平陸矣。」[059] 情況有點相似。從這來推究，我認定滻蕩渠是東周前黃河的正道。要詳細闡明這一個見解，除前文所舉論點之外，還可由各方面觀察得來。

甲、依於這個水系的混亂

或人問我，「渠」或「溝」的名稱，向來常適用於「枝瀆」，《水經注》七稱，「濟水分河東南流」，「出河之濟」本是河之一

---

[058] 《禹貢》雜誌一卷八期，袁鍾妼著《禹貢之沇水》（一三－一五頁），謂沇水發源問題，《水經注》與《水經》的主張不同，未免誤會，全篇並無什麼新發掘。

[059] 《錐指》四〇中下。

支，雖無疑問，但由「蒗蕩渠」、「鴻溝」、「陰溝」那一類命名
來看，只表示它是河的一支，怎樣見得它是東周前期黃河的正
道？我們處理這個疑問的時候，首先不要忘記了歷史的時間
性。當黃河的大流在礫溪附近潰決向東北之後，以前的故道雖
仍繼續有一部分水量通過，但已喪失它原來的重要性，時間經
過越久，喪失越大，人們不復把它當作整個黃河看待，所以每
一段總起有它的土稱，所謂「因城地而變名，為川流之異目」
（《水經注》七）了。

蒗蕩渠水系裡面所包各個異名，非常複雜，正像胡渭所
說：「枝津交絡，名稱互見，使人目眩心搖。」[060] 前期地理學
家對這類複雜名稱，都無法掌握，列成分明的系統，所以《水
經》有濟水、渠水、陰溝水、汳水、獲水各條。現在，我先把
《漢書·地理志》的記述介紹給讀者們：

河南郡滎陽縣（今滎澤）「有狼湯渠，首受泲，東南至陳入
潁，過郡四，行七百八十里」（狼湯即蒗蕩）。

潁川郡陽城縣（今登封）「陽乾山，潁水所出，東至下蔡入
淮，過郡三，行千五百里」。以上為由濟通潁，潁再通淮的路。

陳留郡陳留縣（今陳留）「魯渠水，[061] 首受狼湯渠，東至

---

[060]　《錐指》四二。
[061]　即《水經注》二二的魯溝水。

陽夏入渦渠」。

淮陽國扶溝縣（今扶溝）「渦水首受狼湯渠，東至向入淮，過郡三，行千里」。以上為由濟通渦，渦再通淮的路。

陳留郡浚儀縣（今開封）「睢水首受狼湯水，東至取慮入泗，過郡四，行千三百六十里」。

濟陰郡乘氏縣（今鉅野）「泗水東南至睢陵入淮，過郡六，行千一百一十里」。以上為由濟通泗，泗再通淮的路。

陳留郡封丘縣（今封丘）「濮渠水，首受泲，東北至都關入羊里水，過郡三，行六百三十里」。都關縣（今濮縣）屬山陽郡。據《水經注》二四〈瓠子河〉：「瓠子北有都關縣故城，縣有羊里亭，瓠河逕其南為羊里水。」瓠子河的下游仍然歸入濟水。《漢書・地理志》東郡下應劭注稱：「濮水南入鉅野。」那是會濟之後，再入鉅野。[062]

《通典》一七七「河南府河陰縣」下稱：「其汴渠在縣南二百五十步。《坤元錄》云，亦名莨蕩渠，今名通濟渠，首受黃

---

[062] 《水經》，濟水過定陶後「又東至乘氏縣西，分為二：其一水東南流，其一水從縣東北流入鉅野澤」。酈注「南為菏水，北為濟瀆」，是東周前黃河北支又分為菏水，到戰國時代（大河雖已決向東北），仍未斷流，所以《禹貢》「浮於淮泗，達於河」那兩句，即使認「達於菏」為正文（見前），也不過字型的爭執，實際上則殊途同歸，我們對此，毋庸多費唇舌。又據《水經注》二四：「瓠河自運城東北逕範縣，與濟濮枝渠合；故渠上承濟瀆於乘氏縣北，逕範縣，左納瓠瀆，故《經》有濟渠之稱。」這條濟濮枝渠，我頗相信是元光時新決的。

河。[063]……《坤元錄》又云，自宋武北征之後，復皆湮塞，隋煬帝大業元年，更令開導，名通濟渠。西通河、洛，南達江、淮，煬帝巡幸，每泛舟而往江都焉。其交、廣、荊、益、揚、越等州運漕商旅，往來不絕。」(《括地誌》一名《坤元錄》，見孫星衍《括地誌序》) 再看東漢建武時張汜稱作「濟渠」的，永平詔書卻稱作「汴渠」，而在永平以前，書本上並未見過「汴」的稱謂。我們試比觀各種材料，便知汴和濟的上游，同是一個流域，同由黃河的分水所構成。同是，我們須要記著東周前的黃河已是東南與淮、泗相會。

　　然則汴和濟兩個名稱，在用法上毫無區別的嗎？卻又不然。對於上游一段，可以稱濟，也可以稱汴；對於整個流域，則濟水專指東向定陶會汶入海那一支，汴水專指東南向彭城會淮入海那一支，濟、汴兩名的分用，實在藉以表示兩個始同而末不同的支流，無怪看到那些名稱，幾令人無從捉摸。

　　上面所說，不過揭示其大略，如果我們多翻幾本古書，則「上自成皋，下至淮、泗，其名稱彼此相互，鴻溝、漕渠、陰溝、莨蕩、浚儀之為渠，梁、魯之為溝，甚至礫、丹、京、索、邲、沙、菑獲、睢、渙、渦，或彼據此名，或東仍西目，

---

[063]　汴與莨蕩葉實沒有顯然的分別，樓鑰《北行日錄》上：「汴河，古莨蕩渠首受黃河水，隋煬帝開濬，兼引汴水」，是搞不清楚的話。

無所質正」。[064] 僥倖地已有一兩家學者把它簡化起來，我現在詳引在下邊，已補前文所缺漏。曾鞏《南豐集》論汴水：

　　昔禹於榮澤下分大河為陰溝，出之淮、泗，至浚儀西北復分二渠，其後或曰鴻溝……或曰浪宕渠……或曰浚儀渠……或曰石門渠。

　　《禹貢山川地理圖》下：

　　受河之水，至漢陽武縣分流：其一派南下者，自中牟原圃之東，趨大梁，未至，則為官渡；官渡亦名沙水，沙讀如蔡，即蔡河也。班固言莨蕩渠於榮陽而曰首受汴（沛），東南至陳留入潁者，即此派也。史遷謂三代以後鑿榮為渠以通漕路……亦此派也，亦戰國之謂鴻溝而楚漢指以分境焉者。既至陳留（今東京），蔡河正派之外，支脈散布，遂為三名：其在開封、浚儀之北者為浚儀渠，稍東為汳，汳又東行至蒙為獲，獲至彭城北，遂入於泗，此從大梁（亦東京也）之北而數之，為北來第一水也。蔡河自開封南行，至吹臺東，又分二派；其東行而在北者為睢，睢自陳留逕宋（今南京應天府），東南行至今淮陽軍睢口入泗，此分蔡於陳留而從北數之，是其首派也。其東行而在睢之南者是為渙，亦自陳留、雍丘南來，而趨臨渙、蘄縣以下入於淮，是為分蔡於陳留而從北數之，此派則於沙為次二

---

[064] 《禹貢山川地理圖》下。

也。此臣前謂蔡河至大梁而別派自為三流者也。蔡河又南至陳之太康，[065]分派以入鹿邑則為渦，渦至義成入淮，此又一派而不在大梁分派之數也。蔡河又至陳城而合於潁，潁至壽春東入於淮，今世之謂潁河是也。當蔡之入潁也，即班固之謂莨蕩渠受泲於滎陽至陳入潁者是也；若以班固所志為正，則雖蔡河自中牟分陽武濟派而下以至入淮，皆可名為莨蕩渠，與戰國、楚漢鴻溝之目相應。然而分支於蔡而他出為汳、為睢、為渙、為渦者，本其受言之，雖雜稱鴻溝、莨蕩，亦不為非實也。故酈道元於浚儀渠曰汳涉陰溝也，[066]於陰溝曰梁溝既開，莨蕩故瀆實兼陰溝、浚儀之稱也，於汳曰故汳兼丹水之稱也。其他書雜指支流以為汳、鴻溝者又多也。以其源派交貫，則名稱相互亦不足怪。

　　又胡渭《禹貢錐指》四二：

　　今綜其大略，以莨蕩渠為主；《水經注》云，渠水自河與濟亂流，東逕滎澤北，東南分濟，歷中牟縣之圃田澤，與陽武

---

[065]　依前引《漢書・地理志》，魯渠水自陳留首受狼湯渠，東至陽夏入渦。據《水經注》二二，魯溝水經陳留縣（今杞縣南），又東南至陽夏縣故城西，「又南入渦，今無水也」，是狼湯渠分水於魯渠以入渦那一路，六朝時似已斷絕。唯《元和志》八「太康縣」下仍稱，「渦水首受蔡水，東流經縣北」。太康即漢的陽夏縣，《元和志》所記，也許只是撮錄舊聞。又《水經注》同卷稱：「沙水又東南逕大扶城西，城即扶樂故城也……渦水於是分焉，不得在扶溝北便分也。」扶樂在今太康西北三十五里，《水經注》末兩句，是對《漢書・地理志》渦水在扶溝首受狼湯渠的記載（引見前），加以辨正。

[066]　戴本二二作「余謂故汳沙為陰溝矣」。

分水，又東為官渡水，又東至浚儀縣，左^[067]則故渠出焉，秦始皇二十二年王賁斷故渠，引水東南出以灌大梁，謂之梁溝，世遂目故渠曰陰溝，^[068]而以梁溝為蒗蕩渠。陰溝東南至大梁城合蒗蕩渠，其東導者為汳水。……蒗蕩渠自大梁城南鴻溝……鴻溝又兼沙水之目，沙水東南流至新陽縣^[069]為百尺溝，注於潁水。……其一水自百尺溝分出，東南流至義城縣西而南注淮（義城今懷遠），謂之沙汭。《左傳·昭公二十七年》楚子常以舟師及沙汭而還，即此也。沙水所出，又有睢水、渦水；睢水自陳留縣首受，東南流至下相縣入泗（下相今宿遷），渦水自扶溝縣首受，東南流至義城縣南而東注淮。以上諸渠，同源於出河之濟（即石門水），故言鴻溝者則指此為鴻溝，言蒗蕩渠者指此為蒗蕩，言汳水者指此為汳水，言浚儀渠者指此為浚儀渠，皆以下流之目，追被上源也。

　　試將程、胡兩家文字小心閱讀，看那些水系名稱互用的糾

---

[067]　向東行則北方為左，故渠應在開封之北。《錐指》的滎陽引河圖只把故渠繪在開封的東方，試取與《水經注》二三《陰溝水》「東南逕大梁城北，左屈與梁溝合」相比觀，便見得《錐指》的圖略有錯誤。但從東向轉為南向時，應是「右屈」，今本《水經注》誤作「左屈」，也應校正。

[068]　《禹貢山川地理圖》下：「陰溝之名，前世罕見，今其瀆隧自陽武別為二支，又不在濟、汳正派之內，南至封丘（？）而合於官渡。……然此二支者桑欽以為受渠於莨蕩，酈道元以為受河於卷縣……若如酈說，果從卷縣受河耶，其東流及乎陽武，當與濟、汳兩派皆合為一也。既三水為一，此之陰溝，自北而南，橫穿兩水，何用知其入而復出者之為陰溝耶？」即對於陰溝的發源，提出疑問。唯「封丘」二字應改作「中牟」，陰溝並不經過封丘，而封丘也不在陽武之南。

[069]　新陽，今太和縣西北。

紛，正表示著它的來源很古。如果依《史記‧河渠書》認為由人工同時一手所開鑿，似不至隨地而發生別稱。從這一重點來勘破，出河之濟何以即東周時的黃河舊道，也易於作進一步的了解。

乙、依於北邊的真濟水入河處與南邊的滰蕩渠口相接近

發源山西的「真濟水」沒有力量沖進黃河而另自東行出海。從二十世紀的科學眼光來看，是極顯淺的事理。為什麼它的名稱被人帶到南邊而且假想為互相連貫，當然有其內在的原因，我們不應放著不管。

《漢地誌》稱濟水於武德縣入河，但《水經注》九〈沁水〉條說沁水的末流洩為沙溝水，沙溝水「流入於陂，陂水又值武德縣南，至滎陽縣北，東南流入於河，先儒亦鹹謂是溝為濟渠，故班固及闞駰並言濟水至武德入河，蓋濟水枝瀆條分，所在布稱，亦兼丹水之目矣」。

是否「濟」在上古時代本為通名，所以不同的兩河取得相同的稱謂，[070] 或是濟水在東周前原與沁水相通，現在很難決定。考漢的武德在今武陟縣東南，濟水在現代則分為兩派入

---

[070]　應劭《風俗通》說：「濟出常山房子縣贊皇山，廟在東郡臨邑縣，濟者齊也。」《水經注》七以為「二濟同名，所出不同，鄉原亦別，斯乃應氏之非矣」，是常山也有同名的「濟水」。

河：「一經柏香鎮之南，東南流入河（南岸為鞏縣西北境連山）。一東流經鎮北，又東曰豬龍河，經（懷慶）府城南境，又東經溫縣北境，又東南至武陟縣南之澗溝村入河（南岸為汜水縣東北及河陰縣西北境）。」[071] 又《小谷口薈蕞》稱陽武「西北有濟水，今自溫縣東入大河，不至縣境」[072]。

依據這些記載，我們已可以想像上古的濟水入河處，跟蒗蕩渠口相近；何況《漢地理志》明著「狼湯渠首受泲」（引見前）。又《水經注・河水》：「又東過成皋縣北，濟水從北來注之，又東過滎陽縣北，蒗蕩渠出焉。」又《濟水》：「又南當鞏縣北，南入於河，與河合流，又東過成皋縣北，又東過滎陽縣北，又東至礫溪南」[073]，更是濟水河跟蒗蕩渠口相貼近的證

---

[071] 《水道提綱》五。唯張鵬翮《治河書》稱，濟水「至柏鄉鎮分為二：一於鎮之東北流至河內縣，穿郡城經龍澗村入沁河；一於鎮西南流經豬龍河，自小營村入黃河」（《行水金鑑》五六引）。又《續金鑑》二稱，乾隆五十四年所修之《懷慶府志》內列濟水河渠全圖，「載濟水自濟源縣東北流，分一支過亞橋入瀧河，歸於溟……尚非直入溟河，其不能入黃明矣。又東南行……至河內縣之柏鄉鎮而分為二支：一出柏香鎮東北……而入沁河；一經柏香鎮之西南而東南流曰豬龍河……而由溫縣南會溟入黃。都與《提綱》豬龍河經柏香北，至武陟入河之說不合。又《禹貢錐指》四二：「（《漢地理志》）濟水於武德入河，南直成皋，今汜水、河陰之界是也。其後由溫縣入河，則南直鞏縣，所謂津渠勢改，不與昔同者也。今其故道又盡陷河中，濟水唯從枝津之合溟水者至孟縣東南入河（見《懷慶府志》），南直孟津縣，其流益短矣。」據《提綱》五，合溟水至孟縣東南入河的只是濟水的南邊一渠（與《水經注》七同），胡氏盡陷之說，顯未通過全面研究。

[072] 《金鑑》五六。

[073] 《水經注》七以為礫溪「注於濟……《經》云濟出其南，非也」。程大昌《禹貢山川地理圖》上論溢為滎的地點時，他說：「漢之石門，隋之板渚，唐之河陰汴

據。因此，到東周時黃河改流，雖把濟水入河的口隔離稍遠，人們仍相承誤傳濟水是蒗蕩渠的上源。再者，蒗蕩渠口稍東就是礫溪，蔡沈《尚書集傳》：

> 按桑欽云，二漳異源而下流相合，同歸於海，唐人亦言漳水能獨達於海，請以為瀆，而不云入河者，蓋禹導河自降水大陸至碣石東北入海，周定王五年河徙砱礫，則漸遷而東。至欽時，河自大伾以下，已非故道，而漳自入海矣。[074]

但胡渭說：

> 欽，成帝時人，河自大伾以下非故道，即自周定王五年始，豈待漢成帝時哉。……河徙砱礫，乃無稽之妄談。[075]

我們試綜合兩說來討論一下。鄴東故大河在桑欽之前，早已斷流，蔡說固然考證未確；反之，大伾以下的河道，只是東周河徙後的新道，其一部分究於什麼時期斷絕，現在尚難確

口等處，皆在古滎陽地，則古滎所注，今雖不能明指何地，要之不出此五六十里上下也。」同書下論及蒗蕩渠時，他又說：「《水經》，渠水即莨蕩渠也，但言其受河而不言受河之地何在也。……漢建寧石門，《水經》謂在敖城西北，以地望言之，則正滎陽也。賈讓欲建大河水門以洩河怒，而援引漕渠為證……如淳釋之曰，今礫溪口者正在滎陽敖山西北，而水口適與相當……故知礫溪注濟之地，正漢世汴口與之相對也。」關於後一節的考證，程說略有錯誤。據《水經注》七，敖城建築在敖山的上面，建寧石門雖在敖城西北，而礫溪口則在敖山的東北，不是西北。

[074] 據《錐指》二九引，並注稱，「說本夏氏」，按夏撰《尚書詳解》六與蔡說不盡相同。

[075] 《錐指》二九。

定，胡氏也未能難倒蔡氏。

《漢書‧溝洫志》，賈讓奏有「滎陽漕渠」，如淳注，「今礫溪口是也」。胡渭說：「阿誰讀誤本漢書，以今為令，又加石作硳。」[076] 這就是誤稱「硳礫」的緣起。[077] 蔡沈的「河徙礫溪」，究竟不知有無根據，我卻以為幸而言中。

考《水經注》七稱濟水「側有扈亭水，自亭東南流注於濟，今無水。……又東逕滎陽縣北。……又東，礫石溪水注之……即經所謂礫溪矣」。那扈亭就是同書五所記晉出公十二年河絕於扈的扈亭，地屬卷縣（今原武西北），「絕」的意義可能就是「決」，而晉出公十二年又即貞定王六或五年（說明見第五節），跟定王五年很相似，有可能是同一件事的誤記。現在已知道扈亭與礫溪非常接近，所以我認為東周的河徙就發生在這一小小地帶。不過這一回的改道，並不是沖進蒗蕩渠，而是從東周前的黃河正道 —— 即蒗蕩渠 —— 的礫溪附近，沖出鄴東故大河的新道。我的見解和胡渭不同，[078] 最重要的就在這一點。蒗蕩渠（或濟）如果是東周前的黃河故道，前人所說河、淮相通，越覺信而有徵。

---

[076] 同上四〇下。

[077] 王應麟《河渠考》引「程氏曰，周時河徙硳礫」。《錐指》四〇下疑程氏即大昌，但大昌所著書都無「硳礫」字樣。

[078] 《錐指》四〇下以為河徙礫溪口或是漢平帝時事。

　　總之，真濟水入河處與菠蕩渠（即黃河故道）口相對，黃河正流由礫溪沖向東北，恰構成「十字交流」，人們久而忘記，遂把「濟」的名稱移到菠蕩渠去。這不是我的幻想，讀者試翻檢河潔之「十字交流」的現象（見前第六節一項），便知道古人的腦中確曾存在過那種理想了。

丙、依於北濟、南濟兩流域的分析

　　黃河南邊的濟水是怎樣走法呢？試把《水經注》卷七、卷八所記，條分縷析，則知自滎陽而東，派分為南濟、北濟。[079]「南濟行陽武、[080] 封丘、濟陽、冤朐、定陶之南而不逕其北，北濟則行陽武、封丘、濟陽、冤朐、定陶之北而不逕其南」[081]，跟現在河套的分流相似。

　　北濟又自封丘分出一支，名濮水，至定陶東北，復與北濟的正流相合，在乘氏縣 [082] 入於鉅野澤。其南濟東至乘氏的西

---

[079]　《錐指》四二：「《寰宇記》云，菏水亦名南濟水，近志以北清河為北濟，南清河為南濟，誤由於此。」黃宗羲《今水經》也稱菏水之一支為南濟。按《水經・濟水》：「又屈從（濟陽）縣東北流」，《水經注》七：「南濟也，又東北有合菏水；水上承濟水於濟陽縣東，世謂之五丈溝」，樂史稱菏水為南濟，當是因此。

[080]　舊本《水經》作「又東過陽武縣北」，《錐指》四二同，今依戴刻校改「北」為「南」。

[081]　據戴本卷七校注。

[082]　《寰宇記》一三稱，乘氏縣為漢、晉舊縣，「在今鉅野西南五十七里乘氏故城是也。宋廢，後魏太和十二年於今縣置乘氏縣」，隋、唐都沒有遷移。又據《金史》二五，大定八年曹州城為河所沒，遷州治於古乘氏縣，到二十七年河決曹、濮，再遷州城於北原，即今菏澤縣治，那麼，北魏至唐的乘氏應在今菏澤

（？）邊，亦分作兩派：一派東南流，叫做菏水，東過今菏澤縣，又東過今定陶、金鄉、魚臺各縣之南入於泗水，東南會淮而入海；一派東北流入鉅野澤，《水經注》稱作濟瀆。

鉅野澤既納南濟的一支及北濟之後，北流過壽張（自漢至元的壽張都在今東平西南），會東北下來的汶水，以後經須昌（今東平西北）、谷城（今東阿）、臨邑（今東阿北）、盧（今茌平）、臺（今歷城）、菅（今章丘）、梁鄒（今鄒平）、臨濟（今高苑西北）、利（今博興東）等縣而入海。

據黃鴻的考證，谷城至臺縣一段，是清初的大清河所經，臺縣以下，是清初的小清河所經。[083] 現在，再把《元和郡縣誌》十、十一、十七各卷所記濟水歷程，列成下表：

鄆城（今鄆城東）	見下條
須昌（今東平西北）	「濟水南自鄆縣界流入，去縣西二里。」
盧（今在茌平西南）	「劉公橋架濟水，在縣東二十七里。」
長清（今長清東南）	「濟水北去縣十里。」
豐齊（今歷城西南）	「濟水西去縣二十六里。」
全節（今歷城東北）	「濟水在縣北四十里。」
臨邑（今臨邑南）	「濟水西去縣四十里。」

之南。唯《地理今釋》及《隋唐地理志考證》三均謂北魏及隋的乘氏為今菏澤縣治，顯與《金史》不符。

[083] 據《錐指》四二引。

臨濟（今章丘西北）	「濟水在縣南二十里。」
章丘（今同名）	「濟水西去縣十七里。」
濟陽（今鄒平）	「濟水在縣南，又東北入高苑縣界。」
鄒平（今鄒平北）	「濟水南去縣三十五里。」
長山（今同名）	「濟水西北去縣三十五里。」
高苑（今同名）	「濟水北去縣七十步。」
博昌（今博興）	「濟水北去縣百步，又東北流入海。海浦在縣東北二百八十里，即濟水東流入海之處，水口謂之海浦。」
蒲臺（今同名）	「海畔有一沙阜，高一丈，周迴二里，俗人呼為斗口澱，是濟水入海之處；海潮與濟相觸，故名。」

　　胡渭解釋說：「唐時濟水至高苑，則不由博昌而改從蒲臺東北入海，故杜佑云博昌無濟，而李吉甫則新舊二道並存也。」[084]我起初頗信胡氏的話，直到檢視《元和志》，才發覺胡氏的錯誤，視只讀了博昌縣下「濟水北去……」的前一段，沒有讀「海浦在縣東北」的後一段（均引見前文）。

　　《通典》稱「舊濟合在博昌縣界，今無也」，試與《元和志》比觀，杜佑認為博昌無濟水，似乎考證並不詳盡。合在博昌，

---

[084]　同上二七第三十八圖。

當是根據郭璞的《山海經・海內東經注》(「今濟水自滎陽、卷縣東經陳留,至濟陰北,東北至東平,東北經濟南,至樂安博昌縣入海」;舊本濟陰訛「潛陰」,東平訛「高平」,均不合,今校正如上),須知郭注只寫其大概;《元和志》雖敘濟水入海於博昌縣下,然而距離該縣卻二百八十里(這個數字太大),顯然已出了縣界,度其位置,應即蒲臺縣之鬥口澱。換句話說,漢以後濟水入海處,並沒有大變遷,杜佑、胡渭兩人的話,同是出於誤會。

再者,《水經注》五:「河水又東,分為二水;枝津東逕甲下城南,東南歷馬常坑注濟,經言濟水注河,非也。」由此可知,濟水的海口是黃河可能走到的地點,即是說,濟水的河道與黃河的河道密切相關。

只須考量一下科學的原理、歷史的紀錄,反問自己,為什麼黃河領域的內面,還能別出一條濟水,具有偌大力量,相與角立平行,自會得到合理的解答。古語說,臥榻之側,豈容他人鼾睡,黃和濟實無兩雄並立的可能;既生瑜,安得復生亮;既有黃,安得復有濟。何況,濟水下游所分出的南菏、北濟,大致同於後世南清河、北清河的對立,而這兩條清河恰是黃河歷來變遷時所常取的道路。

金人田櫟說:「前代每遇古堤南決,多經南、北清河分

流。」[085] 又清孫嘉淦說：「大清河者繞泰山之東北，起東阿而迄利津，乃濟水之正道。……張秋之東，不及百里，即東阿之安山，下即大清河，黃河決水不能逾山東走，自必順河北行，故凡言決張秋者皆由大清河以入海。……從前南北分流之時，已受黃河之半，嗣後張秋潰決之日，間受黃河之全。」[086]

　　大（北）清河一方面是古代濟水的正道，另一方面又是後世黃河改道時（尤其是現在）常行之正道，濟水即「黃河故道」之變名，已甚明白。「受黃河之半」的是大清河，也就是濟水的下截，同時滎陽以下的濟水又完全從黃河分出（見下引《錐指》四二），而原來號稱四瀆之一的濟水，其在河以南的一大段，卻永遠銷聲匿跡，這是什麼道理？

　　推原其故，無非因初期的史書記載很簡略，人們的地理知識又很為狹隘，故道和新道因而被誤分作兩條來源不同、名稱不同的水道。唯明白了錯誤成因，則「濟水」既絕之後，為什麼永不復見的啞謎，可再不用費我們腦筋去猜測。反過來說，倘若上古真有一條那麼源遠流長而獨立的濟水，應是源源不斷的啊。只有其為黃河故道，所以沿途的小水都被蒐羅進去，使河勢趨向北方，這故道（濟水）因而形成或斷或續的現象，各小水也恢復獨

---

[085]　《金史》二七。
[086]　《經世文編》九六。

立。[087] 人們無法解釋，才發生二伏、三伏的怪說。然後，黃河又漸漸向南回來，走上東周前故道，濟水的影子愈不可見。

從這些變遷去了解，還能說濟水不是東周前黃河的故道嗎？再來反問，黃河如走曹、單，則鉅野是其常經之路（見前引顧一柔的話），近人也說黃河側的鉅野澤和梁山泊本來一體，但鉅野是濟水斷流後所積成的湖泊，梁山又是黃河流向的湖泊，我們怎樣來分析濟和黃的糾葛？黃河漫流於大平原不知幾千百次，徘徊於淮河和海河之間（見前引張含英、吳傳鈞的話），為什麼有一濟水攔在路中？如拿大清河相比，大清改道之後，還自成一系，為什麼濟水卻早早斷絕？我們應該好好回答出來。

丁、依於濟水是水源的分析

（一）《錐指》四〇中上：「邊韶、滎口石門碑云，一有決溢，彌原淹野，蟻孔之潰，害起不測；此鴻溝之為患也。故黃

---

[087] 孫嘉淦說：「大清河者繞泰山之東北，起東阿而訖利津，乃濟水之正道，四瀆之經流，非尋常之溝壑也。伊古以來，與河別流。」（《經世文編》九六）如黃河不經山東出海，大清河固可自成一獨立水系，但黃河一經徙到山東，大清就每被其所奪，孫氏的話要加以修正。又古時汶水本從東北流向西南，會入濟水（《水經注》八），濟水上流既斷，遂變為大清河的上源。自明永樂時，宋禮採用白英的計畫，於戴村築壩，遏汶水西南流，至分水口入運河，遇汶水大漲，則聽其過壩，分洩入大清河。而大清河下游所收更有蘆泉、浪溪、八里堂、三空橋、五空橋、錦河、柳木溝、沙河、中川、豐濟、濼水、洧水、減水、土河等十四道河，所以成為長六百多里的大川（參《乾隆東華錄》三五，乾隆四十五年七月國泰所奏）。

文叔曰：滻盪出河，斷非禹跡，禹之行河，本以河湍悍難行平地，故釃二渠以引河，二渠非得已也。」按禹治河既非事實，滻盪又非人工所鑿，由此解釋，可知滻盪必自然的遺跡。

程大昌《禹貢山川地理圖》上說：「濟源出河北，越河而南，又復名濟，世既疑之，又會後世汴水受河，正與滎瀆相上下，故辨正益難。」又同書下說：「漢世汴、濟自陽武以上，率多合流，其移徙又復不常，最難考定；故雖漢明帝時東、西兩漢史書未著汴名，而汴、濟已錯互為一。」已透露著滎瀆（或「出河之濟」）的上游跟汴水的上游是一而非二。再合觀《水經注》七，「濟水分河東南流」，我們應要追問六朝時既是分河，難道以前不是分河嗎？

濟（汴）水雖說有索、京、須等幾個支流，但水力很微，沒有充足力量可以沖到千餘里外的海邊，更沒有力量可以中途派分為南濟、北濟，再東又分為菏水為濟瀆的。它的大部分水量從哪裡來呢？我們抓著這個重點來解釋，那就非承認上古時黃河曾走這條水道不可了。

黃河既能有二渠，即能有三渠，然而東周以後，史志上沒載過黃河決成滻盪渠或「出河之濟」的事實，所以必得承認黃河南邊的濟水，是東周時黃河的故道；除此之外，無更合理而可以令人相信的解釋。至黃河來到平緩的地方而分流，現今上

游河套一帶，還擺著很好的現成例子；《水道提綱》五，黃河「至白塔之東，東北稍曲折，北流歧為二派……自古稱南河、北河二派，今則三支，分合如織」，東周時滎澤以下河道多歧分，情形正是一樣。《爾雅‧釋水》：「江、河、淮、濟為四瀆，四瀆者發源注海者也。」又劉熙《釋名》：「瀆，獨也，各獨出其所而入海也。」都是未經詳考或望文生義的解釋。如果河南的濟跟河各有來源，為什麼其餘三瀆都至今無恙而濟卻獨自中斷呢？《錐指》四二說：

> 所謂濟者，皆滎陽下所引之河水也，而杜預、京相璠、郭璞、酈道元輩皆莫能辨。

> 自東漢以迄唐初，凡行濟瀆者皆河水也，而猶目之曰濟，是鵲巢而鳩居，觚名而圜實也。

都是前人所未嘗說過的話，胡氏真不愧為《禹貢》學大家。再結合他所揭出的「降水、大陸、九河之區，堯時尚未為河所徑」，和「堯時從大伾山南東出，或決而北，或決而南，氾濫兗、豫、青、徐之域」（均引見前，並參看注31），實在已將東周河未決徙以前，濟水原是黃河故道的斷論，活逼出來。可惜他腦海裡仍殘留著二伏的古舊思想，以為「河、濟原不相通，及周之衰，有於滎陽下引河東南為鴻溝者而河與濟亂」；[088]

---

[088] 見《錐指》二七，第三十七出河之濟圖。馮桂芬《改河道議》：「癸丑以來決河

既稱河、濟原不相通，就是承認濟水從地下伏過。但河南之濟先分為南、北兩支，南支會泗以入淮，北支會汶而入海（見上文），流量當然很大，那些水量如果都認為在地下通過，真是不可思議的了。胡渭的短視，由於他只知東漢以後行濟瀆的是河水，不知東周河未改道以前，行濟瀆的仍是河水（就是說，濟水即東周前黃河的故道），遂至功虧一簣。

戊、依於古典上的透露

東周前期黃河從齊地出海，舊典上還留著些影子，不過經史家早被一篇《禹貢》重重包圍，只是沒有勇氣突破罷了。

杜預《春秋釋例》：「河自河東、河南之南界，東北經汲郡、頓丘、陽平、平原、樂陵之東南入海。」《正義》說：「杜之此言，據其當時之河耳。汲郡以東，河水東流，秦漢以來始然；古之河道，自大伾而北過降水，至於大陸，播為九河，計桓公時，齊之西境，當在九河之最西徒駭。」《錐指》四〇下以為「此（《正義》）說良是」。

從現在的眼光來看，杜預據西晉當時之河來解釋古河，固然失去時間性，而《正義》據東周改道後的河來解釋改道前（齊

由大清河入海，此奪濟也。大清橋畔有坊，康熙年間刊聯中有嶽色、河聲字，蓋借用韋莊詩（『心如嶽色留泰地，夢逐河聲出禹門』），而以泰山為嶽，濟為河，而不知濟之不可稱河也。」也是片面的了解。

桓公時）的河，同是一樣不對。何況，徒駭河的流向主要是由西而東，對整個齊國來說，只能是北界，哪得是西界？

《左傳・僖公四年》，管仲以「東至於海、西至於河、南至於穆陵、北至於無棣」為齊國的四履；穆陵，應依《元和志》一一：「山在沂水縣北一百九十里。」無棣舊有兩說：《水經注》九引京相璠，「舊說，在遼西孤竹縣」，但酈道元則主張即南皮縣之無棣溝，以為「無棣在此，方之為近」。那麼，東、南、北三至都合於事理。我們試依前丙點列舉的濟水流域沿著今鉅野、東平、壽張、東阿、荏平等縣，畫一道縱線，說它是齊國的西界，大致沒什麼不對，那也是濟水即西周至春秋前期的黃河的例證。

《錐指》所稱：「管仲誇實徵之所至，當極其遠，日東至於海西至於河者，即《王制》所云自東河至於東海千里而遙者也。」還是強作解人的說法。可是，戰國時期作品記述春秋前期事，說及濟水的也有不少例子，如《管子・小匡》篇，管仲對齊桓公稱，「西至於濟，北至於海」（齊語作「北至於河」），《春秋・襄公十八年》，會於魯濟，莊三十年，遇於魯濟。杜注，濟水歷齊魯界，在齊界為齊濟，在魯界為魯濟。又宣公十年，齊濟歸魯濟西田。莊公十八年，公追戎於濟西。《水經注》八：「《地理志》日，（臨邑）縣有濟水祠，王莽之谷城亭也；水

有石門，以石為之，故濟水之門也。《春秋‧隱公五年》，齊鄭會於石門，鄭車僨濟，即於此也。京相璠曰，石門，齊地。」

我們對這些文獻，有兩種解釋：

（1）在古代著作裡面，常常發見用現行的名稱，寫前代的事實，「濟」即指舊日的黃河。（2）戰國以前，語言不同的族類各據一方，「河」的名稱，尚未統一使用，「濟」即齊魯土俗對黃河的稱謂，因之，文字記載，或「河」或「濟」，參差不齊。《禹貢》「導沇水，東流為濟」，似即表示著「河北之濟」也有它的俗呼。

兩說比較起來，（1）略近於勉強；如果拿《左傳》「西至於河」跟《管子》「西至於濟」相對照，正合於（2）「河」、「濟」互用的解釋。關於這個問題，我尚擬作語言的尋究，以牽涉太廣，故本篇不再推論，只就「河」字的使用略談一下。周金的《同簋》說：「王命同左右吳大父䢦易林吳牧，自淲東至於🦴，厥逆至於玄水。」一般人都讀「🦴」作「河」，這個字還有些疑問。[089] 即使是正確的，在周金文裡也只一見，可反映出「河」

---

[089] 強運開《說文古籀三補》一一說：「《詩‧小雅》，淲池北流。《箋》云，豐鎬之間水北流，是淲池乃水名也。」郭沫若《兩周金文辭大系考釋》：「淲殆即陝西之洛水，其流域約與河道平行而在其西，東南流入渭以達於河。……玄水當即今之延水，《水經》之奢延水也。……正由玄洛河渭天然形成一區域，疑古虞（即虞繞之虞）之封城本在河西，後乃改食河東也。」（八七頁）按淲池即滹沱之異寫，又作亞馳，宋人得「告亞馳文」即「祖楚文」於洛水（據王厚之說），是郭氏疑淲水即洛水，似可證實，但他又疑虞的食封初在河西，則這一問題仍沒有完全解決。

在西周文字並未十分通用，這一點我們應該注意。

　　濟、漯是黃河的分流，戰國作品裡面還有一個直接證據，就是前文所引《孟子》的話「禹疏九河，淪濟、漯而注之海」。這兩句本來表現著同一件事，「九河」的意義，只是說「分為好幾道河」（見前文第六節），濟和漯即那幾道河的名稱。朱熹注，「淪亦疏通之意」，但我們知道上古禹治河並非事實，那麼，它的真義，不過表現著「黃河分作濟、漯兩支流入海去」而已。孟子生當周顯王（元前三六八－三二一年）的後半葉，鄴東故大河當日似乎已經斷流（參看下文第八節），黃河在北方光剩了濟、漯兩路出海，所以孟子時代關於大禹治河的傳說，仍有幾分反映著現實的。

　　反之，在東周河徙以前，黃河不通過漯川，第六節已有說明，今考《穆天子傳》：「乙丑，天子東征，舍於五鹿。己巳，天子東征，食馬於漯水之上。」根據杜預《左傳注》，五鹿屬頓丘縣，即今清豐西南；又根據西漢後的水文，漯是在東武陽（今朝城西）從河分出。這可說明穆王時代黃河不通過西起清豐西南、東至朝城西的中間，否則在這裡所經當不止漯水，用不著再經過「南征」、「西征」兩度轉折之後「天子乃釣於河」了。然而漯是東周河徙後二渠的一支，當礫溪附近未決，黃河還未改向東北，固然沒有鄴東故大河，同時也不能分水到漯川去，在

南的汴渠亦不過旁侵的流域；大量的黃水處於比較自由流動不被人力強烈鬥爭之下，究從何地出海呢？試綜合地文的環境，歷史的紀錄，除了朝東直向定陶，北折至壽張，再東北入海那一路（即濟水流域），黃河再找不著容身之地了。換句話說，東周河徙以前，濟水就是黃河的故道。

己、依於河以北的支流名稱帶到河以南去的怪現象

《水經注》所記名目互兼的水道更有一節頗難了解的，如卷二三〈汳水〉：

陰溝即蒗蕩渠也，亦言汳受旃然水，[090] 又云丹、沁亂流，於武德絕河，南入滎陽合汳，故汳兼丹水之稱。

據同書九，沁水出上黨涅縣（即現在武鄉的西邊），丹水出上黨高都縣（即現在晉城的東北），東南流入沁水，[091] 丹水、沁水都在黃河的北岸，為什麼它們的名稱會移用到南岸？還有一層，這種罕有的怪現象，在別的黃河經過的地方，似乎未曾發現，偏偏在僅僅上下百里的區域，如濟水、沁水、丹水等，

---

[090] 唐鄭綮《開天傳信記》：「玄宗將封泰山，進次滎陽旃然河上，見黑龍，命弓矢親射之，矢發龍滅，自爾旃然伏流，於今百有餘年矣。按旃然即濟水也，濟水溢而為滎，遂名旃然。」據近人說，青臺村在成皋縣廣武鎮西約八里，南臨旃然河故道，俗稱涸河（《歷史教學》三卷一期一四頁）。

[091] 據《水道提綱》五，小丹河即丹水，發源於山西潞安府，經澤州，東南入河南懷慶，南流入於沁水，這是經流，俗稱為大丹河，又一支東流與淇水會。

都將河北的名目移帶過河南，從未有人提出疑問而加以研究，卻是極可惜的事。我認為，如果承認東周前的河道是經現在滎澤的西邊，過蒗蕩渠而東流，其濟（沇）水、沁水等入河口本來都是到現在黃河的南岸，及至河從礫溪附近指向東北方，另闢一條新道，將濟（沇）水、沁水的末流沖斷為兩段，其中一段仍留在南岸，因為名稱久已流行，所以改道之後，土人仍沿用舊名，一直到兩漢、六朝；照這樣來解釋那種現象，似乎再合理沒有了。

張含英說：「據傳孟津古城在今城北二十五里，今城距河南岸約五里，黃河身逐漸南滾，故於嘉靖三年避河遷此，證諸漢陵，亦屬可信。陵今已臨水，最為危險，斷非建陵初意所能料及。」[092] 又同治十二年孟津鐵謝寨坍岸三四百丈，逼光武陵，相距僅廿二弓 [093]（五尺為一弓）。大約孟津以下，如非有連山阻隔，河道或徙南，或徙北，是常見的事；前頭我所提的意見，在未經過實地考察以前，雖不敢自信必合，然總有多少事實根據的。

---

[092] 《治河論叢》二四七頁。按《金鑑》二三引（《河南通志》），嘉靖十一年六月河水溢，孟津縣城圮，十三年甲午遷於舊城之西二十里的聖賢莊，是嘉靖十三年，不是三年，遷於城西，不是城南，張氏所聞，顯有錯誤。

[093] 再續行水金鑑》一〇一一一〇二。又光緒十一年九月系鳳翔奏，光武陵去鐵謝鎮里許，光緒五年，河水毀寨的一半，十一年六月又被河水沖刷（《光緒東華錄》七二）。

第七節　東周黃河改道以前的故道

這種現象又可聯繫到現代的串溝，張含英說造成串溝的原因，「一為蘭封以下，地勢平衍，（咸豐）改道之初，任水漫流而無正軌，故自封丘、祥符，漫注蘭儀、考城、長垣等縣，復分三股東流⋯⋯南北之議相爭，歷二十年之久⋯⋯在此二十年間，賈莊（菏澤境）以上河道，必極紊亂」。又一因則為「長垣、東明、濮陽、菏澤、濮縣一帶，故河之遺跡極多⋯⋯此等河道或塞或通，或湮或存，一遇大水，必各盡其量之能容，分流下洩，而河槽益亂」[094]。其實則滎澤以東，大多已是廣衍的平原，上古沒有普遍的河防，洪水更可任意泛濫，造成斷續縱橫之水道；濟、沁、丹一類的名稱能夠傳到南岸，無疑即張氏所謂故河遺跡。

明《嘉靖一統志》稱：「汴河一名沁河，一名小黃河。按《漕河志》，河居中，汴居南，沁居北，河南徙則與汴合，北徙則與沁合，故此河之名有三。今沁水久不達，唯河合於汴耳。」[095]《續金鑑》三加以解釋說：「蓋其時河初合汴，故人猶呼汴河，今人但知有黃河，不復知汴矣。」按汴渠也是上古黃河的分道，前頭已有說明，不過人們早忘記了。來到唐及北宋兩朝，躍為全國最重要的運道，加以史志記載，深深印入人們的腦中，故汴雖是黃河的分派，但因為名稱流行已久，土俗

---

[094]　《治河論叢》一七一－一七二頁。
[095]　《續金鑑》三引。

仍沿用往日口頭的稱呼而叫它作汴。沁則與汴不同，有它自己的真源，向來都匯入黃河。換句話說，沁是黃的支流。然黃的支流不少，較大的有汾、有渭、有洛，為什麼不稱作汾、渭或洛，而偏稱作沁呢？查洪武末年河奪潁入淮，有過一個短時期，曾引沁水出徐州以接濟運道，徐州土人稱黃河作沁，大約就因這個原故。

以上一大段話，順帶解釋了黃河為何有時名為汴，有時名為沁，黃河流經的地方，隨時隨地會有它的別號。再如《水經注》五〈河水〉條：「河自鮪穴以上，又兼鮪稱，《呂氏春秋》稱武王伐紂至鮪水，紂使膠鬲候周師，即是處矣。」又《小谷口薈蕞》稱，「黃河在豐縣南五里許，土人呼為濁河，一名白羊」[096]，事同一例。我們能夠了解那種變化，對於滎澤以東傳下來許多名稱，就不覺得其可怪，而且可相信沁、丹的名稱帶到南岸，是與舊日川流改道有關。進一步說，我們也可以想像上古某一時期，黃河曾直趨潁、渦，濟和沁，而東達陽武（見前引《薈蕞》），然後向東南自流，跟洪武末年的情形大致相近。那麼，後來黃河南岸仍留著濟、沁、丹的名稱，便不難解答。

---

[096] 《金鑑》五八引。

庚、剩餘的疑問

此外胡渭曾找出十五點來證明鄴東故大河為禹河，當中有兩點和上文我所提出的假定，好像互相衝突，也應加以分析。

其一，胡氏說：「《史記・衛世家》，封康叔為衛君，居河、淇間故商墟；商墟即古朝歌城，在今浚縣西南，淇縣東北，淇水逕其西，河水逕其東，是為河、淇之間，故淳于髡曰，王豹處於淇，而河西善謳。」[097]

我們首先要知道，淳于髡是戰國時代的人物，河道早已改向鄴東經過，不能作為東周前黃河經行鄴東的證據。孫詒讓《邶鄘衛考》說：「《詩》，三衛之分國，沿於三監，其原流分合，略具於《周書》，史遷即失紀其事……」[098] 那麼，《史記・衛世家》的記述，我們不能認為完全無誤的。《周書・作雒》篇：「俾康叔宇於殷，俾中旄父宇於東。」孔晁注：「東謂衛，殷鄘。」孫氏說：「今以《周書》《世本》《漢志》諸文參互校覆，知康叔初封，固已奄有三衛。」同時，孫氏更考定中旄父即《左傳・昭公十二年》的王孫牟，「牟」和「旄」讀音相近，故書可以假借。[099] 我因此進一步推定，從漢至現在之中牟縣就是周初

---

[097]　《錐指》四〇中下。

[098]　均見《籀廎述林》一。

[099]　同上。

中旄父的封地[100]（地以人名，是古代常有的事）。《左傳・定公四年》，「分康叔以……封畛土略，自武父以南及圃田之北竟」；郭璞《爾雅注》，「今滎陽中牟縣西圃田澤」，是其一證。然則《衛世家》的「居河、淇間」，也可指滰蕩渠和淇水中間所包的地域。但如果依胡氏說，康叔所封只介於現在的浚縣與淇水之間，則東西不過百里，和孫氏所謂「周公以武庚故地封康叔，實盡得三衛全境，以其地閎廣難治……」[101]情形大異了。

其二，胡氏說：「《詩・衛風》曰，『河水洋洋，北流活活』，河至大伾山西南，折而北，逕朝歌之東，故謂之北流[102]。」他所引那兩句《毛詩》，出自《碩人》篇，據《左傳・隱公三年》，「衛人所為賦碩人也」，又《詩小序》，「碩人，閔莊姜也」，莊姜是春秋初期的人物，如果《左傳》等記載真確，那篇詩就屬於後世詠史詩一類。然而詠史詩有當時人作的，也有後人追作的，那麼，「北流活活」仍未能當作東周前期黃河經鄴東的鐵證。

再者，鄭玄《詩譜》稱：「自紂而北謂之邶，南謂之鄘，東謂之衛。」《史記正義》引皇甫謐《帝王世紀》又說：「自殷都以東為衛，管叔監之，殷都以西為鄘，蔡叔監之，殷都以北為

---

[100]　別有考證。《國策地名考》九，趙有中牟，在今湯陰縣西，與此同名異地。
[101]　同前《述林》一。
[102]　《錐指》四〇中下。

邶，霍叔監之。」孫詒讓《邶鄘衛考》稱：「依班說，則邶、衛
為舊殷而鄘在其東，中旄所治者即鄘也。依鄭、皇甫、孔說，
則在東者為衛而殷為邶、鄘，中旄所治者即衛也。二說不同，
竊疑班說近是。」（班指班固，孔指《周書孔晁注》，孔注引見
前）。按《漢書‧地理志》只說：「鄁（即邶）以封紂子武庚；鄘，
管叔尹之；衛，蔡叔尹之。」對於鄘、衛究在哪一方，並沒有
附加說明，孫氏以為班、鄭不同，是不合於辨證方法的推論。
邶是鄁的省寫，古人以北方為「背」方（《詩‧衛風》：「焉得諼
草，言樹之背」），從阝是指事及會意字，邶國在北，可說毫無
疑義。不過據前頭考證，中旄父的中牟是在紂都之南，我因此
認為《周書》「俾中旄父宇於東」是「宇於南」的誤筆，否則援
引古人有時東與南可以互稱的例子，也說得去。那麼，鄭玄解
鄘在南方，並沒有錯誤，也未見得它與《漢書‧地理志》不合。

　　以上不過附帶說明，於本文要旨無關。我們最要推究的，
還是衛國的東境約至哪處為止。考《水經注》八：「濮水又東
逕濮陽縣故城南，昔師延為紂作靡靡之樂，武王伐紂，師延東
走，自投濮水而死矣。後衛靈公將之晉，而設舍濮水之上。」
濮陽，今同名，濮水的下游是流入鉅野澤的。又《元和志》
一一「濮州」：「春秋時為衛國地，《左傳》齊桓公會諸侯於鄄，
注曰，鄄，衛地，今東郡鄄城縣也。」鄄城今濮縣東二十里。
又《左傳‧僖公二年》：「諸侯城楚丘而封衛。」據《詩‧鄘風正

義》稱：「《鄭志》……楚丘在濟、河間，疑在今東郡界。……杜預云：楚丘，濟陰成武縣（成武今城武）西南，屬濟陰郡，猶在濟北，[103] 故云濟、河間也。」我們且不必苦苦追求楚丘確是現在什麼地方，[104] 只綜合前引衛國東境的文獻，拿來跟相土的東都可能在濮陽（見前第四節）相比較，便推定濮縣至濮陽一線，應是衛的東界，其前面接著濟水通過的鉅野大澤。那麼，依著前文「河」、「濟」互用的例子，衛國東邊也未嘗不可說「河水洋洋，北流活活」。總之，這兩句詩能夠作別的解釋，不定是春秋前期黃河已經通過鄴東。[105]

之外，古人稱洹水為「河」，第四節已有過範例，近人曾引《詩・魏風》，「河水清且漣漪」認為是古時黃河長清的證據，[106]

---

[103] 古人稱水的南邊為陰，濟陰郡的設立，已顯示它在濟水的南邊。成武的位置，依照《水經注》卷七、卷八所記，實萬萬不能說在濟水之北，《詩經正義》這一句，是錯誤無疑。修《正義》的人們，一方面要維持鄭玄「楚丘在濟、河間」的說法，別一方面又不願取消杜預楚丘在成武的解釋，所以弄成牽強不通（參看下一條）。

[104] 文公出奔，去齊後先至衛，次曹（今定陶），次宋（今商丘），而後入楚，且是在衛文公既遷楚丘之後，如認楚丘在今城西南，與當時各國領域殊不適合（因為城武西南便是定陶之南）。楚丘本是上邑，《漢地誌》將它位置在城武，實失之偏南，《輿地廣記》已有辨正。唯《通典》一八〇「滑州衛南縣」，「衛文公自曹邑遷楚丘即此城」，《元和志》八，「衛文公自曹邑遷於楚丘，今衛南縣也」，同書一六略同。衛南，今滑縣東六十里，陳奐以為這楚丘應在東郡濮陽縣東，白馬縣西，比《漢地誌》、杜預、《水經注》等為可信。

[105] 此外如《邶風》，「新臺有泚，河水瀰瀰」，《小序》說，「刺衛宣公也，納伋之妻，作新臺於河上而要之」，即使其本事不錯，而《水經注》五稱新臺在鄄城，我們也可應用相類的話來解釋。

[106] 《古今治河圖說》六八頁。

也不可不提供拙見。按《左傳・襄公八年》：「俟河之清，人壽幾何。」《易緯乾鑿度》：「天降嘉應，河水先清三日。」《左傳》和《緯書》都是戰國的作品，它的話總表示黃河清為極罕見的現象。又據近年地質學的觀察，京漢鐵路橋以東的平原，其積沙至海平面下十公尺止，約為七百萬兆立方公尺，歷時七千四百年之久，[107] 合這兩事來看，足見遠在有史以前數千年，中原的黃河早是「黃」的。但《衛詩》為什麼說「河水清」，難道古人欺我嗎？要解開這個謎團，就應知道古代（甚至現代）俗語往往有水都是「河」，《魏風》的「河水清」並不定指黃河，解釋自然順理成章了。

　　總之，濟水插入黃河扇形流域的中間，經過九個郡（據《說文解字注》，即河東、河內、陳留、梁國、濟陰、泰山、濟南、齊郡和千乘），行一千八百四十里，再加以前頭所舉的許多直證、旁證，如果稍有地學常識，斷不會否認東周河徙前的濟水確實是黃河的故道的。

　　我提出了濟水即黃河故道說，有些友人批評，說「沖積扇河流以扇頂為中心，以下往復遷徙是地形學、地質學、水文學中很簡單的常識」。這是很樂觀的論調。沖積扇河流的見解，是讀過地形學的人的常識，然從一般人來看，尚未達到這樣

---

[107]　同上七〇頁。

地步，所以李協、張含英等專家的文章，對這一點還是津津樂道；而凡提出一種見解，總期普及，並不是專供學者的「賞玩」。試看最近《歷史教學》一九五五年四期所刊出那篇與黃河有關的文章，對扇形沖積那種「簡單的常識」，就似未有過深入了解了。

大凡創一新說，必是確有所見，如其尚徘徊無主，就可不必提出，問題的重點在於所主張能不能夠成立，而不在於強調或不強調。今既認濟水三伏三見之說，即使不引據古籍，也可以肯定其不正確，但須知三伏三見是濟水已斷後的說法，未斷前確有一條連續的濟水存在，所以古書稱為四瀆之一；為什麼華北平原會插入這一條濟水，即使根據少數記載，不能使不大懂史料的人明白，而具有沖積扇河流的「常識」的人們，也僅可恍然於濟水與黃河是一非二了。乃說者一方而謂無古籍都可以肯定，別方面又謂有記載也不夠充分，是說人家強調個人主張的，自己反而變成「強調個人主張」了。總之，假說濟水非黃河故道，就應對濟水插入沖積扇形的怪現象，另外提出一個新假設，如其空言搪塞，是不能令人信服的。

▋ 六、東周前黃河故道的簡描

於是，東周前黃河所行的道路，可以簡單地總括如下：

黃河的北支，也可說是正流，後世呼作濟水；經過現在滎澤、陽武、封丘、長垣、蘭封、菏澤、定陶等縣，東北至廣饒縣出海，據《錐指》三〇，其下游即歷城縣以東的小清河。但中間又從定陶縣分出一支，名菏水，經現在金鄉、魚臺等縣合泗入淮。

黃河的南支，自滎澤縣分出，經中牟縣，舊日亦稱此一段為蒗蕩渠；至開封後，再東行的為汳（或汴）水，東南至高丘，又名獲水，復東南至銅山，入於泗水。其南流的亦專稱鴻溝；自陳留縣首分為睢水，東南至宿遷，入於泗水。扶溝縣再分為渦水，東南至懷遠縣，入於淮水。更南流的亦專稱沙水，與潁水會於淮陽，東南至懷遠縣，入於淮水。

如再加簡括，就是東周前黃河的正流，由廣饒出海，其他數支最後都會合淮水而後出海。

在東周河徙以後，正流雖趨向東北，分為鄴東故大河及漯水，但那時以前南、北兩支的故道，經過許久時間，依然繼續通流，或只部分的隔斷，我們從秦王賁攻魏，引河溝灌大梁，

楚漢以鴻溝為界和曹操、袁紹相持於官渡水的故事，便可體會出來。

七、東周河徙原因之推測

在前的學者們都相信周時河徙在定王五年，胡克家雖提出了貞定王六年的疑問，至今也沒有人注意到。依前第五節的考證，這一回河徙極可能是東周戰國時代的「後定王」五年，不是東周春秋時代的「前定王」五年，偽本《竹書紀年》算差了一歲。至於推求東周河徙的原因的，據我所知，最早為閻若璩，他們都是就「前定王」五年河徙而立論。

考《春秋緯保乾圖》：「移河為界在齊呂，填閼八流以自廣。」鄭玄據以釋九河，他說：「周時，齊桓公塞之，同為一河。」[108] 元人於欽所著《齊乘》反對上說，認為「禹後歷商、周至齊桓時千五百餘年，支流漸絕，經流獨行，其勢必然，非桓公塞八流以自廣」。閻若璩稱其「論最確，余因思齊桓公卒於襄王九年戊寅，至定王五年己未甫四十二年，而《周譜》云定王五年河徙……蓋下流即壅，水行不快，上流乃決，理所宜然」。[109] 高士奇《天祿識餘》下又有「是曲防之禁，桓自犯之，

---

[108]　均見《尚書・禹貢正義》。
[109]　均見閻若璩《釋地餘論》。

又為百世之害」之說。

按齊桓時代的黃河並未經過鄴東，拿來解釋「九河」，本來不對；但「九河」的意義，只是「分為好幾道河」，適用這個名詞的地方原跟隨著黃河的改道而改變，不定限用於冀州（即今河北省），所以濟和漯也可稱作九河（見前文）。同一理由，緯書的「八流」，大約係指黃河下游在齊國境內的港汊，桓公任用管仲，急於謀魚鹽之利，於是把海口的淤地，開墾耕植（像現時黃河口的淤灘和廣東沙田之類）。反對派不懂得適用地利，遂捏齊國為「填閼八流以自廣」。鄭玄既不明白那種情形，信為桓公塞河，更將「八流」混同於「冀州的九河」，可說是一誤再誤。

春秋初期黃河經行齊境，《孟子・告子》篇也透露出些訊息，說：「五霸，桓公為盛，葵丘之會……五命曰，無曲防。」曲防是「曲為堤防，壅泉激水」（朱熹注）的意思。依前文所說，東周前期黃河的南、北兩支，都通過許多國家的領土，大約到桓公時代，上游各國為本身利害打算，多有築堤遏水的事件，齊國處於黃河正流（即濟水）的下游，常被其害，所以對來會諸侯，特申明「無曲防」的約束。[110] 蔡沈只謂曲防非桓公

---

[110]　除《孟子》所載，《管子・大匡》及《霸形》篇作「毋曲堤」，《公羊・僖公三年》作「無障谷」，《穀梁・僖公九年》作「毋雍泉」。《霸形》篇更指出楚人攻宋，「要宋田，夾塞兩川，使水不得東流，東山之西，水深滅垝，四百里而後可田」。但在召陵會了之後，便「東發宋田夾兩川，使水復東流而楚不敢塞」，這是齊桓

所為，辯護尚未徹底。高士奇疑桓公身自犯法，更近於冤捏前人。[111] 然而葵丘會後，僅僅八年，桓公便死，曲防的禁止，當然無甚效力，還恐更加嚴重，所以再過一百七十餘年（或三十餘年），黃河便一潰而不可收拾，這或許是東周時河徙的一個直接原因吧？

還有別一種原因，可能是黃河本身的取直性。這種取直性，我將在第十四節下舉例說明。黃河由滎澤向定陶走去，本來是再直沒有的路，可是從定陶北轉至壽張，或南轉至徐州，都要走一個近於直角的大灣。從另一方面看，黃河應以山東北部為環境較合的出口，故如取直性在暗中進行著，則由滎澤經滑、浚出東北，自然是最直捷的路，比之定陶的大轉折，固然好得多，即現在至蘭封才折向東北的河道，比起來也有點迂迴了。

錢穆說：「自狄人以游牧蠻族，逐衛人而毀其國，從此大河北岸的文化急轉墮落，農田水利一切俱廢。遲後六十年（定王五年）而河水潰決，其間因果皎然。」[112] 按前頭所證，衛文

公時的情況。無如春秋、戰國間的諸侯，仍然「壅防百川，各以自利」，故孟子直斥「今之諸侯，皆犯此五禁」，與孟子同時的白圭也沒有辦法，只得「以鄰國為壑」，暫救目前。直至秦始皇碣石紀功，尚特提「決通川防」為自豪的話。

[111]　畢亨《漢武塞河考》：「今言自成皋北下，河水不及齊地，齊桓安得而塞之也？」（《九水山房文存》上）則是受《禹貢》所矇蔽。畢氏文登人，生嘉慶、道光間。

[112]　《禹貢》四卷一期三頁〈水利與水害〉。

公時黃河還未通過鄆東，錢說實未能針對當日黃河的實況而立論。

本節是追求去今二千三四百年前黃河實況的一節，也是了解黃河怎樣變化最重要的一環，我們得到下面的結論：

試畫一個三角形，孟津作為頂點，淮陰、天津為兩底角，那就是黃河會合其他諸流淤澱而成的三角洲，是中國最廣大的平原，魯省山嶺本來只是小島，因沖積間留有縫隙之故，江跟淮的下游，淮跟河的下游，上古時都可以相通。同時，黃河本著就下的水性，右流便侵入淮系，左流便侵入冀省，實際上是不停地醞釀著改道，等到發生時，才得到一般人們的注意。

一方面，前節已經說明東周河徙以後，才構成二渠，即鄆東故大河及漯川，跟著的問題，就是改道以前黃河走哪條路出海。另一方面，春秋、戰國時期已有濟水、鴻溝（狼湯渠）在同一地點受河，我們便要問當改道以前，它倆是不是黃河通過的流域？因為夾在北邊鄆河、漯川，南邊濟水、鴻溝的中間，從水文歷史來看，再找不出另外一條黃河獨自出海之路了。更把濟水和鴻溝比較一下，鴻溝不過分河入淮的通路，即使中斷，潁、渦等仍自有山源；濟水則與「河北之濟」（沇水）完全無關，不得黃河分流或雖分流而量不夠大，便即中斷。後人善忘，不復知濟為東周前的黃河故道，於是產生一伏一見以至三

伏三見的玄想和妄說。

　　還有好幾個條件，足以證明濟水是黃河的故道。它從滎陽直東走至定陶，折北會汶而入海，約相當於後世的北清河，又分一小支自定陶南行，會泗而入淮，相當於後世的南清河，那都是黃河潰變時最慣走的道路。它行於平地，它是齊國的西界，它是九河的一支，在後來黃河正流從千乘入海的時候，它的尾閭又與黃河亂流，這些皆表示河、濟是密切相關的。

第七節　東周黃河改道以前的故道

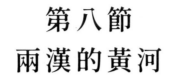

第八節
兩漢的黃河

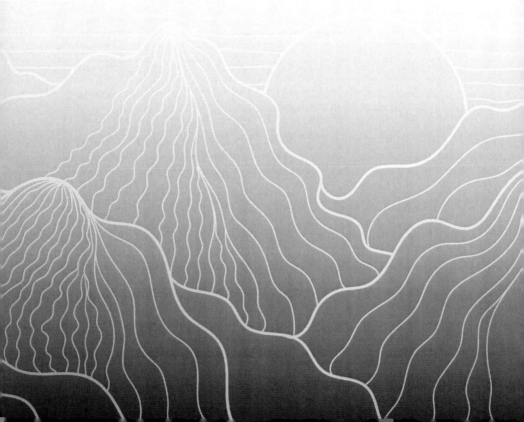

■ 一、鄴東故大河到什麼時候才斷流？

《漢書‧地理志》：「鄴，故大河在東，北入海。」《水經注》五：「又有宿胥口，舊河水北入處也。」又同書九：「清、漳二瀆，河之舊瀆。」關於鄴東故大河的實際情況，史籍上正面留給我們的就只有這寥寥數條。但冀南一帶的水道，古今來經過許多變遷，那大河所歷什麼地方，班固已不能舉其概略，所以至今沒人知道。據漢以後的河道來推測，大約從汲縣（今同名）流入黎陽縣界（今濬縣），至縣屬的宿胥口（約今濬縣西南）分作兩支：一支北流，即鄴東故大河，合漳水入海；一支東行為漯川而入海。宿胥口於什麼時候湮塞，舊史沒有明文，胡渭說：

　　蘇代曰，決宿胥口，魏無虛、頓丘；虛在朝歌界，頓丘在黎陽界，時河已徙而東，宿胥口塞，故秦欲決之以灌二邑。[113]

他又說：

　　淇水即國水，宿胥故瀆乃禹河之所行，國水自西來注之，勢不得東出內黃縣南為清河；清河蓋禹河下流漸淤，決而為此川，猶漢屯氏河之類。及周定王時，宿胥口塞，大河之水不至，國水循宿胥故瀆，東北逕內黃縣南為清河，《漢志》所謂東北至信成，入張甲河，行千八百四十里也。……蘇秦說趙曰，

---

[113]　均《錐指》四〇中下。

東有清河，說齊曰，西有清河，清河之來已久，疑春秋前有
之。愚嘗以鴻溝為禹河致塞之由，今清河又分河於此間，則下
流緩弱，不能沖刷泥沙，鄴東河道之塞，未必不由此也。[114]

據我所見，東周前河不經宿胥，淇水也不入河，那時候清
河就是淇水的下游。到黃河改道到鄴東，其流水當然可分入清
河。蘇代是周赧王朝的人物（見下文），蘇秦則時代更前，約與
孟軻相當（《通鑑》二，顯王三十六年始見蘇秦，即元前三三三
年），把胡氏的考證參合前文第七節我對於《孟子》「淪濟漯」
的解釋，似乎鄴東故大河的歷史不足二百五十年，甚至僅及
一百年（分由定王或貞定王起計），即是說，宿胥口之塞，恐怕
在元前三五〇年以前。可是，焦循的見解完全不一樣，他在所
著《禹貢鄭註釋》裡面說：

自春秋至於戰國，大河皆行鄴東，至漢武帝元光三年，河
始徙於頓邱東南……屯氏既決，鄴東乃竭。

（《漢書・地理志》）斯洨水至鄡入河，盧水、博水至高陽
入河；高陽屬涿郡，鄡屬鉅鹿，涿郡有河，則鄴東之河矣。鄴
東故大河不言《禹貢》，可見此河西漢猶存也。

但《漢書・地理志》的記載是相當模糊的，試看焦循的書
別一段：

---

[114] 同上。

第八節　兩漢的黃河

記故大河在鄡東，明漳之至斥章入河也，記清漳至昌成入河，明河之至信都合漳也，[115]記漳河、虖池、絳水入海，明河之與漳絕也，[116]其辭互見，可謂精矣。

焦書的昌成是阜成之誤，信都是勃海之誤，已於注裡面糾正。《地理志》二八下「廣平國斥章」，「應劭曰，漳水出沾，北入河」，那只是應劭的注，班固本人沒有這樣說。班氏於二八上「上黨郡沾縣」稱，「大黽谷，清漳水所出，東北至阜成入大河」。他顯然不認河水於斥章合漳水（斥章今曲周縣東南，阜成今阜城縣東）。其次，鄡，《漢地誌》亦作鄡，在今束鹿縣東，高陽即今高陽縣東，焦氏所舉這兩點，似是鄡東故大河西漢時尚存的最強證據。但考《漢地誌》「中山國北平縣」下，「徐水東至水高陽入博，又有盧水，亦至高陽入河」，汪遠孫校稱，「案高陽屬涿郡，入河當是入博，亦者盧、徐同入也」[117]，則西漢時黃河是否經過高陽，頗有疑問。鄡在高陽的西南，黃河從西南而來，如果不經過高陽，似乎也不應經過束鹿，這是須要考慮的第一點。

---

[115] 《地理志》二八上的原文（引見下文）作「至阜成入大河」。阜成屬勃海郡，焦氏誤作昌成，故以為屬信都國；或因《水經注》一〇，「《地理志》信都有昌城縣……闞駰曰，昌城本名阜城矣」，故生誤會。

[116] 《地理志》二八下信都縣稱：「故章河、故虖池皆在北束入海。」「故」與「現在」對立，這一段文字也可解為河與漳的下游尚在合流，焦氏看作「明河之與漳絕」，適得其反。

[117] 《漢書·地理志校本》。

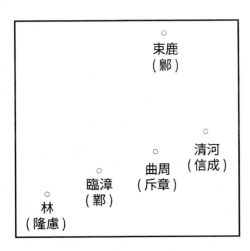

　　還有，《漢地誌》又稱，國水從隆慮「東北至信成入張甲河」（見前引胡渭說），隆慮今林縣，信成今清河縣北，隆慮、斥章和信成約為同一直線上之三點，鄴（今臨漳縣西南四十里）、斥章和鄡又約為另一直線上之三點，如上圖，假使黃河是循著鄴、斥章、鄡的線而北走，則同時循隆慮、信成線而走的國水必應在中間會入黃河，斷不能越過黃河而會入信成之張甲河，理論與前文第七節所說濟水不能越河而北相同。換句話說，《漢地誌》斯洨水至鄡入河一條，同時跟國水從隆慮至信成入張甲河一條，顯有衝突，我們不能呆板地解釋，這是須要考慮的第二點。

　　焦氏因鄴縣下「故大河」的上頭不加《禹貢》字樣，斷定故大河西漢時尚存，因此省略文字。《漢地誌》如新安「《禹

貢》澗水在東，南入雒」，上雒「《禹貢》雒水出塚領山，東北至鞏入河」，濩澤「《禹貢》祈城山在西南」，各條固然明標《禹貢》，但如武功「大一山，古文以為終南，垂山，古文以為敦物」，盧氏「熊耳山在東，伊水出」，卻又不標明《禹貢》，可見《禹貢》字樣或用或否，不過行文之便，並沒有意義的分別，這是需要考慮的第三點。

基於這三點，我覺得焦循的考證理由薄弱，現在再綜合更早的戰國時期史料加以探討。首先，《趙策》記蘇秦說趙，「秦甲涉河，逾漳，據番吾，則兵必戰於邯鄲之下矣」。又記張儀說趙，「今宣君有微甲鈍兵軍於澠池，願渡河，逾漳，據番吾，迎戰邯鄲之下」。澠池在豫西，知蘇、張這裡所說的「河」都指黃河上游，與趙國無關。

《趙策》又記蘇秦說趙稱：「強趙地方二千里……西有常山，南有河漳，東有清河，北有燕國。」《史記》六九〈正義〉說，「河字一作清，即漳河也，在潞州」，讀「河漳」作「清漳」。可是《史記》下文敘同一段的遊說：「秦攻楚，齊、魏各出銳師以佐之，韓絕其糧道，趙涉河漳，燕守常山之北。秦攻韓、魏，則楚絕其後，齊出銳師而佐之，趙涉河漳，燕守雲中。秦攻齊則，楚絕其後，韓守成皋，魏塞其道，趙涉河博關，燕出銳師以佐之。」（「趙涉河博關」一句，《趙策》作「趙涉河漳博關」）

這兩個「河漳」,〈正義〉都未提出異議,可見「南有河漳」句不該讀作「南有清漳」的。有沒有蘇秦說六國那回事,暫且不必深求,就使是造說,也總會反映當日地理的現實,這些「河漳」連言無非表現國境所屆或出兵所經,也不可據以測定水流的分合。

然而有些總可以體會出來的,如顯王三十七年(元前三三二年)「趙人決河以灌齊、魏之師,齊、魏之師乃去」(《通鑑》二)。這次的改道是往南及東南,不見得黃河還走鄚東的路。

又《趙策》載武靈王胡服(赧王八年,元前三〇七年)後,他曾說:「今吾國東有河、薄洛之水,與齊、中山同之,而無舟楫之用。」(薄洛是漳水的津名,顧祖禹以為在今寧晉,程恩澤以為在今廣宗[118])認河為齊、趙共有,也不像河走鄚東。

又赧王三十一年(元前二八四年),燕人滅齊,「右軍循河濟屯阿、鄄以連魏師」(《通鑑》四)。阿指東阿,今陽穀東北;鄄指鄄城,今濮縣東。按漯水原經鄄城北及範縣而出海,那時候河似已專從漯川出海了。

同時,《史記》六九載齊愍王出走後蘇代對燕王的說辭,曾說:「決滎口,魏無大梁,決白馬之口,魏無外黃、濟陽,決

---

[118] 《國策地名考》八。

宿胥之口，魏無虛、頓丘。」《集解》：「徐廣曰，《紀年》曰，魏救（中）山，[119] 塞集胥口。」認宿胥即集胥是也。《正義》：「《魏志》云，武帝於清淇口東，因宿胥故瀆開白溝，道青（清）淇二水入焉。」據《史記》一五，赧王二十年（元前二九五年），趙「與齊、燕共滅中山」，魏救中山，應即其時。[120] 換句話說，宿胥口在這一年已經被人工完全堵塞。然而故大河之斷流也許發生在人工堵塞以前許多年，我們只需要拿明朝劉大夏塞荊隆口的經過來比對（參下文第十三節），便可清楚。

又《史記》四三載趙惠文王十八年（即赧王三十四年，元前二八一年），惠文「王再之衛東陽，決河水伐魏氏；大潦，漳水出」。《水經注》九〈清水〉條引，「馬季長曰，晉地自朝歌以北至中山為東陽」，好像維持著鄴東的舊道。可是從別方面來看，又不容我們作這樣設想。其一，《史記正義》：「《括地誌》云，東陽故城在貝州歷亭縣界，按東陽先屬魏，今屬趙，河歷貝州南，東北流，過河南岸即魏地也。」《國策地名考》九不主張這一解釋，它說：「王氏曰，自漢以前，東陽大抵為晉太行山東地，非有城邑也，楚、漢之間，始置東陽郡，則東陽亦廣矣。」那《史記》這一條，直可解作趙人在朝歌之南決河來灌

---

[119] 《古文竹書紀年輯校》也一樣缺去「中」字，茲據蒙文通引文補入（《禹貢》七卷一、二、三合期八六頁）。

[120] 同上蒙氏文即作為同一年的事。

魏,不見得河還北出合漳。其二,《史記》跟著就說漳水出,下文又說「二十一年(元前二七八年),趙徙漳水武平西」,「漳」跟「河」稱謂各別,又是河水已不合漳的證據。

更如《趙策》蘇秦說李兌章:「漂入漳河,東流至海。」《國策地名考》八以為漳河專指漳水,這一解釋如果沒錯,則蘇秦時代漳水已獨自出海。根據上述種種,所以我認定胡渭的話比較可信,就是說,鄴東故大河的斷流似在元前三五〇年以前。

還有一點,漳是不是也可稱「河」呢?張含英曾說:「古常有稱漳水為河者。蓋以禹河北過降水而漳水即河水矣。及河東徙,猶沿舊稱,而呼漳水為河,凡鄴令西門豹傳所謂河者,皆漳水也。項羽鉅鹿之戰,所謂渡河者,亦漳水也。是沿土人舊稱,非以河為普通名辭也。」[121] 這固然是一種合理的解釋,但須記著在某些例子中,我們不能一定說「河」字不是普通名詞,另一方面也許「河」字用作通名在俗語中已保持很久的歷史,所以許多區域內有水便稱「河」這個問題,就容易解答。假如說,「河」字起初就是黃河的專名,人們偏要借偉大的名義來稱呼細小的川流,那就有點奇怪。唯其「河」本是通名,後世的人於是不能不加上一個「黃」字以示區別,此種現象,在上古各處大流域的名稱,是有相當的先例的。

---

[121] 《禹貢》六卷一一期一七-二〇頁黃河縣名。

第八節　兩漢的黃河

　　鄆東故大河為什麼移徙，胡渭曾找出兩點原因：（1）鴻溝的分流。（2）清河的分流（引見前文）。他又於《禹貢錐指》的〈滎陽引河圖第二十四〉注稱：

　　河水為鴻溝所分，力微不足以刷沙，下流易致壅塞，此宿胥改道之由。

　　我們生在二千多年以後，沒拿著什麼確實的依據，很難作成一個合於當日現實的推定。不過，黃河走鄆東是向左折的極限，從西漢起直到現在，黃河潰決了不知多少次，總沒有再走過那一條路出海，這可意味著那一條路不能適應水往低處流的特性，所以沒多久就改道。如此推測，恰可與《史記·河渠書》稱「載之高地」相對照。

　　戰國時期還有些黃河事蹟，並附帶引在下面：（1）《水經注》二二〈渠水〉條：「歷中牟縣之圃田澤……澤在中牟縣西，西限長城，東極官渡，北佩渠水，東西四十許里，南北二十許里。……故《竹書紀年》梁惠成王十年入河水於甫田，又為大溝而引甫水者也。」（惠成王十年即周顯王八年，元前三六一年）[122] （2）《水經注》五：「河水舊於白馬縣南泆，通濮濟黃溝，故蘇代說燕曰，決白馬之口，魏無黃、濟陽，《竹書紀年》

<hr>

[122]　朱謀㙔《水經注箋》：「《玉海》引《水經注》浚儀縣，《竹書紀年》，梁惠成王三十一年三月，為大溝於北郛以行圃田之水。」事同而年分不同，疑《玉海》誤引。

梁惠成王十二年，楚師出河水，以水長垣之外者也。」白馬今滑縣，長垣大約即現在長垣縣一帶，蓋自北決向南方。《水利史》斷定其「非特為患一時，而為千萬世禹河之罪人，漢興以後，東郡數十年之橫潰，胚胎於此。」[123] 完全是舊日經生家的口吻，脫離現實。「禹河」不過東周時徙河，並沒有可以保持不變的成績，由於前文所引證，顯王前它本身已自發生變化，而且漢和顯王相隔已遠，把東郡橫潰歸罪於二百年前的楚人一決，那是針對現實的批判嗎？（3）《水經注》八：「《竹書紀年》曰，魏襄王十年十月，大霖雨，疾風，河水溢酸棗郛。」襄王十年即顯王四十四年（元前三二五年），酸棗今延津縣。

▌ 二、西漢的河患

甲、黃河名稱的初見

張含英說：「黃河之名必起於唐永徽以前」，「黃河之名所由起，必以其水色黃。」[124] 所引的是《唐書・五行志》：「唐高宗永徽五年……十月，齊州黃河溢。又載，武後聖曆元年秋，黃河溢。」在《新書》三六〈五行志〉中，只有永徽六年十月齊

---

[123]　五頁。
[124]　《禹貢》六卷一一期黃河縣名。

091

州河溢一條，不是五年，而且沒有「黃」字，更沒有聖曆元年那一條。後來再和鄭鶴聲的《黃河釋名補》[125]比對，才知道張氏所引實是《新書・本紀》。鄭氏又說：《史記・高祖紀》，「西有濁河之限」[126]。依晉灼的注及《水經注》，濁河就是黃河，最早稱「黃河」的，可上溯到漢高封功臣之誓，「使黃河如帶」那句話（見《漢書・功臣表》）。此後東漢時代馬第伯的《封禪儀》，《三國志・袁紹傳》注所引的《獻帝傳》，均有「黃河」字樣。從此可知，「黃河」那個名稱，可信最晚也起於戰國，說不定更在戰國以前。

乙、漢初黃河出海的正流 —— 漯川

　　西漢初期黃河的情況怎樣，因為鄴東故大河究於何時斷絕，從前沒有人作作出決定，仍是含糊不明。現在知道那大河戰國已經斷流，那麼，漢初的黃河，除了開南邊的濟水、狼湯渠分流之外，北邊就只剩漯川一渠，《河渠書》所稱「道河北行二渠，復禹舊跡」（說見下文），正是漢初止得「一渠」（專就北邊黃河正流來說，當時的人已不能認識濟水、鴻溝都是黃河的分派了）的反映。《禹貢山川地理圖》上稱：「司馬遷、班固……雜取漢世新河，亦附之禹，其曰禹釃為二渠者是也。孟康順承

---

[125]　同上七卷一、二、三合期。
[126]　按《燕策》蘇秦死章，「齊有清濟、濁河，足以為固」，已見「濁河」的名稱。

遷、固此語，以漢河為漯川。」（參前第六節引文）程大昌不承認漯川為「禹河」的一渠，但鄴東大河已於戰國中葉斷絕，自此以至漢文、武一個長時期，假使不是經行漯川，試問黃河在哪裡？這個理由，前文第六節已說得很明白。

漢初黃河由漯川出海，還可綜合零碎材料而得到同樣的結論，如：

（1）《史記》八，項羽使沛公，項羽攻城陽，軍濮陽之東，破秦軍，秦軍守濮陽，環水。《正義》說，「濮陽縣北臨黃河」，又「濮陽故城在濮州西八十六里，本漢濮陽縣」。據《地理今釋》，唐濮州在今濮縣東二十里，合前《正義》之說，漢濮陽應在今濮縣西六十六里，地屬漯水流域。

（2）同上《史記》，漢高祖十一年，陳豨將張春渡河擊聊城，《正義》說：「劉伯莊云，當時聊城在黃河之東，王莽時乾，[127] 今濁河西北也，今在博州西北深丘。」又引《括地誌》，「故聊城在博州聊城縣西二十里」。據《地理今釋》，唐的聊城在今聊城縣西北十五里，參合《括地誌》，則漢的聊城約在今聊城西北三十五里，也屬於漯水流域（參看《錐指》導河圖十八）。由上兩證，知漢初黃河確行漯川出海。

---

[127] 聊城是漯川流域，看《錐指·導河圖》便明，與王莽河無關，伯莊所說，顯有誤會。

（3）《元和志》一六「內黃縣」：「本漢舊縣，屬魏郡，河以北為內，南為外，故此有內黃，陳留有外黃。」按魏郡，高祖時置，內黃的名稱恐怕起自戰國，《漢地誌》雖有「鄴，故大河在東」的話，究不知離鄴多遠，《錐指》的《禹河初徙圖二十五》和《禹河再徙圖二十七》都把內黃繪在禹河東邊，尚難成為定論。

丙、武帝元光三年瓠子南決通泗、淮，頓丘北決為北瀆（王莽河）

漢文帝十二年（元前一六八年），[128]「河決酸棗，東潰金堤」[129]。東郡曾派出許多人填塞這個缺口。當日被災的區域有多大，《史記》《漢書》都沒有詳細的記載，據《史記》二八〈封禪書〉新垣平對文帝，有「今河溢通泗」的話，當是往東南方改道。[130]

---

[128] 《河渠書》作「漢興三十九年」，《漢書》四作「十二年，冬十二月，河決東郡」。自元前二〇六年至元前一六八年，恰為三十九年。

[129] 《史記》二九〈正義〉引《括地誌》，「金堤一名十里堤，在白馬縣東五里」。白馬即今滑縣。《錐指》四〇中下：「漢河堤率謂之金堤，文帝時河決酸棗，東潰金堤，在今延津縣界。」按《管子‧度地》篇稱堤為「金城」。

[130] 《圖書整合‧山川典》二二一〈黃河改道考〉：「漢文帝十二年河決酸棗，東南流經封丘，入北直隸長垣縣，至山東東昌府濮州、張秋入河。」（《金鑑》一六二引周治《看河紀程》，大意相同）這一說是根據《水經注》五，「東至酸棗縣西，濮水東出焉，漢興三十有九年，孝文時河決酸棗，東潰金堤，大發卒塞之，故班固云，文堙棗野，武作瓠歌，謂斷此口也」而推衍的。考《水經注》八〈濟水〉下又說：「又東北與濮水合，水上承濟水於封丘縣，即《地理志》所謂濮渠

再過三十六年，[131] 到武帝元光三年（元前一三二年），據《河渠書》說，「河決於瓠子，東南注鉅野，通於淮、泗」（《漢書・溝洫志》同）。但依《漢書》六〈武帝紀〉，那一年河決計有兩次：第一次在春天，「河水徙從頓丘東南，流入渤海」；第二次在五月後，「河水決濮陽，泛郡十六，發卒十萬救決河」。試把這幾條引文拿來比勘，就見得《河渠書》所記是第二次（依《水經注》二四，濮陽縣北十里即瓠河口）。換句話說，春天的河決，是從東郡頓丘縣（今清豐西南二十五里）東南的地方，沖開一條新道，東北向章武入海，那條新道後來呼作王莽河，也就是《水經注》五的的北瀆。[132] 夏天的河決，是在《水經注》二四所說的瓠河口東南，沖入鉅野（參第七節注 62），會泗水入淮而後出海。這兩次的決口相隔很近，所差的只是一向北走，一向南走。明黃克纘作《古今疏治黃河全書》，引漢武瓠子

水首受濟者也，闞駰曰，首受別濟，即北濟也。……濮水又東逕匡城北……又東北左會別濮水……受河於酸棗縣，故杜預云，濮水出酸棗縣首受河。《竹書紀年》曰，魏襄王十年十月，大霖雨、疾風，河水溢酸棗郛；漢世塞之，故班固云，文堙棗野，今無水。」好像酸棗的決口早發生在魏襄王時候，或者是漢文時再決，道元寫得模糊，使人易於誤會。又《水經注》五之「濮水東出焉」，應依同書八改作「別濮水東出焉」，名稱才得一律，且免使「濮水」與「別濮水」相混。葉方恆《全河備考》：「漢文帝時決酸棗，東潰金堤，在河南延津、滎陽諸縣，至大名清豐一帶，延亙千里。」（《經世文編》九六）滎陽在上游，哪能反決？清豐即漢的頓丘，《史記》《漢書》都沒有說及。

[131] 齊召南考證說：「按《河渠書》作四十有餘年，自孝文十四（二？）年河決東郡至元光三年河決濮陽，實三十六年，無四十餘年也」。

[132] 李協說：「復歸禹河故道，大河北瀆由章武入海。」（同前引《科學》七卷九期）以新沖開的為禹河故道，那是孟康的舊說。

第八節　兩漢的黃河

歌，謂漢時河已通淮、泗，一點都沒有錯，《四庫全書總目》
七五反批評他「未免出於附會」，真可謂少所見而多所怪。關於
頓丘的決口，胡渭說：

　　按元光三年河水決濮陽瓠子，《溝洫志》言之甚詳。而頓丘
　　之決口及入海處，與中間經過之地，皆不可得聞。今以《水經
　　注》考之，北瀆初經頓丘縣西北，至是改流，蓋自戚城西決而東
　　北過其縣，東南歷畔、觀至東武陽，奪漯川之道，東北至千乘
　　入海者也。……程大昌以為元光已後河竟行頓丘東南，非也。[133]

　　他所擬議的頓丘徙河，就是《水經注》五的「浮水故瀆」，
然這不過是中間一段短短的分流。我在第六節已經指出，他的
錯誤在認定頓丘決口不久即塞，以北瀆為東周改道的河道，牽
累到元光的新河無法安插。本節前面又經指出鄴東故大河在戰
國時代早已斷絕（胡氏也這樣說），那麼，元光三年以前流經
頓丘及濮陽的大河，就只單有從漯川出海那一條路了。本來已
從漯川出海，[134]如果潰決之後，依然從漯川出海，哪能稱作
「奪」？更哪能稱作「徙」？

　　還有人步著胡渭的後塵，提出證據，認北瀆即王莽河，是
周定王五年所徙的新道，這裡須一併加以辨明。《水經注》五：

[133]　《錐指》四〇下。
[134]　同上也說，「周定王五年河徙，自宿胥口東行漯川」。

「一則北瀆,王莽時空,故世俗名是瀆為王莽河也。故瀆東北逕戚城西,《春秋‧哀公二年》,晉趙鞅率師納衛太子蒯聵於戚,宵迷,陽虎曰:右河而南,必至焉。今頓丘衛國縣西戚亭是也,為衛之河上邑。」杜預說:「是時河北流過元城界,城在河外,晉軍已渡河,故欲出河右而南。」《錐指》四〇下:「今開州(開州即今濮陽)西北有戚城。」按《水經注》下文記,河水過了戚邑的鐵丘之後,才東北流逕濮陽縣北,戚的今地應如《錐指》所說。魯哀公二年相當於元前四九三年,如果河徙於定王五年,則當時的黃河是經行鄴東和漯川二道。而漯川的上游實即黃河分支,陽虎稱循著黃河西行,然後向南轉去,必會達到戚邑,正合於漯川從西向東流的情況,跟王莽河之北流過元城無關。換句話說,《左傳》那一段故事,不能證明王莽河即東周所徙的新道。

　　這條北瀆或王莽河,據《水經注》五並參合《錐指》四〇下的解釋,它所經過的古地和相當的今地,大約如下表:

衛國縣戚城西	濮陽西北
繁陽縣東	內黃東南
陰安縣西	清豐北
昌樂(戴本訛「樂昌」)縣東	南樂西北
元城縣西北	大名東

發乾縣西	堂邑西南五十里
貝丘縣南	清平西南
甘陵縣南	清河東南
靈縣南	博平東北四十里， 高唐西南二十里
鄃縣東	平原西南五十里
平原西	平原南二十里
繹幕縣東北	平原西北二十里
鬲縣西	陵縣北
修縣東	景縣南
安陵縣西	吳橋西北
東光縣西	東光東

再北就與漳水合流，經交河、滄、青、靜海、天津等縣而出
海。《元和郡縣誌》和《太平寰宇記》對王莽河的遺跡，也還有
些記載，現並撮要為下表：

頓丘（見前）	《寰宇記》五七：「王莽河在縣北十里， 上接清豐縣界，下入南樂縣界。」
臨河（濮陽西六十里）	同上：「……至臨河西十四里，至（？） 王莽河出焉。」
德清軍（清豐西北）	同上：「王莽河在城西南五里。」

昌樂（見前）	《元和志》一六：「王莽河西去縣十六里。」《寰宇記》五四，南樂縣同。
貴鄉（大名東）	《元和志》一六：「大河故瀆俗名王莽河，西去縣三里。」《寰宇記》五四：「大河故瀆在（大名）縣東三里，俗名王莽河。」
冠氏（冠縣北）	《元和志》一六：「王莽河北去縣十八里。」
館陶（館陶西南）	同上：「大河故瀆俗名王莽河，在縣東四里。」
堂邑（今同名）	《寰宇記》五四：「王莽河北去縣十里。」
博平（今同名）	同上：「王莽河在縣北十八里。」
清平（今同名）	同上：「王莽河在縣南十八里。」
高唐（今同名）	同上：「王莽河在縣（？）一十七里。」
清陽（清河東）	同上五八：「縣東有王莽河。」
平原（今同名）	《元和志》一七：「王莽枯河在縣南五里。」《寰宇記》五八：「王莽河北流經漢平原故城。」
長河（德縣）	《元和志》一七：「王莽枯河東去縣五里。」
將陵（德縣）	《元和志》一七：「王莽枯河西去縣十里。」《寰宇記》六四：「王莽河在縣東十里。」

這表所列經過的地方，跟《水經注》的紀錄沒有什麼差異，唯將陵以北再不見遺跡，大約已被御河（或永濟渠）所侵占了。

照前頭的解釋，元光三年黃河向北和向南各沖開一條新道，那是極重要的變遷，應該列入胡氏所稱黃河「大變」之一，因為胡氏未有注意到，直至最近，史地學者們仍不看作是一回事，這種錯誤是急須糾正的。

裘日修《治河論》說：「自禹迄今，河道之歸海者四。北大陸，北之南渤海，東之北千乘，東之南安東。西漢及唐、宋以來，河患劇矣，然溢而北者不過信都而北。決而南者北之南館陶，又其南頓丘，又其南濮陽，又其南定陶，每決則南徙，然則河之所欲趨者可知矣。」[135] 裘氏帶著河必南行的成見，把頓丘之決，看作南徙，因而認西漢河溢北不過信都，那是沒有經過考證的錯誤。

錢穆又曾找出元光三年河決的來歷，第一是戰國以下競築堤防，像賈讓所說。第二是列國兵爭以決水為武器，像智伯引汾水灌晉陽，趙決河水灌齊、魏軍，楚決河水以水長垣之外，趙決河水伐魏氏，王賁引河溝灌大梁城等等。[136] 按黃河變化有許多內在和外在原因，那種推測充其量仍是片面的，不是全面的。

---

[135] 《經世文編》九七。
[136] 《禹貢》四卷一期三頁。

瓠子的決口，初因丞相田蚡阻止，經過二十餘年仍未填塞，梁、楚區域常鬧著收成不好。元封二年（元前一〇九年），武帝往萬里沙[137]祈禱，歸途的時候，親臨瓠子的決口，「令群臣從官自將軍以下，皆負薪寘決河，是時，東郡燒草，以故薪柴少，而下淇園之竹以為楗。……於是卒塞瓠子，築宮其上，名曰宣房（又作防）宮」[138]。武帝這種作風，倒不愧為一位有名的君主。

友人趙世暹君曾對我說：「元光三年，瓠子之決，我的看法是：（一）決口的水流了不少年，淹了不少地，可能並未沖出一條或數條比較像樣子的河道。（二）決口以下的正常河道，可能並未斷流，所以二十多年以後，決口堵上便全往東流。要是斷流了二十多年，不加以相當的施工（史書未提到，可能未曾施工），是極難甚至於不可能通流。」第二點的提示，於讀《黃河變遷史》的人們是很有幫助的。

清代治河，主張有決必塞，在這之前則並不一定，如果沒有塞，河水仍可經常或間歇地分一部向原道流去。我們不明白

---

[137] 《漢書》二五上《郊祀志》注：「應劭曰，萬里沙神祠也，在東萊曲城。」《通鑑》二一胡注：「孟康曰，沙徑三百餘里，杜佑《通典》，萬里沙在萊州掖縣界。」又《元和志》一一，萬里沙在掖縣東北三十里，這才是漢武禱萬里沙的所在。《史記》二九〈正義〉：「《括地誌》云，萬里沙在華州鄭縣東北二十里。」那時候武帝正出巡東方，所謂風馬牛不相及了。

[138] 見《史記·河渠書》。

這種兩道並存的現象，對複雜的河患就不可能作出合理的解答。不過論到二千多年前的西漢河患，也要對時間、空間加以相當考慮。頭一件，那時候的河身遠不像現在淤積得怎樣厲害（可比觀李鴻章查勘黃河故道的報告），隔了二十多年，恢復也不至很難。第二件，那時候比較地廣人稀，人類不至於十分與水爭地，那麼，舊河道就不會容易淤塞。河之能復故道，這兩點也有其相當力量的。還有《漢書》二四下〈食貨志〉於元狩二年（元前一二一年）後說：「先是十餘歲，河決，灌梁楚地，固已數困，而緣河之郡堤塞，河輒壞決，費不可勝計。」是元光三年之後，並非沒有試行堵塞，既有試塞，河水自然要向舊道流去，那麼，河之能夠復行故道，應是意中之事。

《河渠書》於宣房既塞之後，跟著說，「而道河北行二渠，復禹舊跡」（《漢書·溝洫志》同），好像是鄴東故大河復通，那是絕大的錯誤。[139] 假使真是復通，其再塞總不能早於元、成兩代，為什麼哀帝時的賈讓、王莽時的王橫只請決黎陽遮害亭，效法禹的行水，引黃河沿著西山邊緣流去，絕不提到武帝時復通的成績，來作他們提案的根據？（均詳下文）拿出這個反駁，即可見司馬遷雖自稱「余從負薪塞宣房」，實未經過細心的

---

[139] 《漢書》二九，齊召南考證：「《地理志》於魏郡鄴縣曰，故大河在東，北入海……使禹河不注勃海，則《史記》於宣房既築，又何以云道河北行二渠，復禹舊跡也？」就是承著《史記》的錯誤，以為鄴東故大河復通。

考察。班固更不過抄襲《史記》，無需作深刻的批評了。

李垂的《導河書》曾說：「東為漯川者乃今泉源赤河，北出貝丘者乃今王莽故瀆。而漢塞宣房，所行二渠蓋獨漯川，其一則漢決之，起觀城，入蒲臺，所謂武河者也。」[140] 李氏認為漢武塞宣房後所行的二渠不純是「禹的二渠」，立論尚屬正確。但觀城（今同名）在頓丘的東邊，西漢初期河已經行頓丘，從這東出，觀城極可能是它通過的地方，「起觀城，入蒲臺」，大致就是後世大清河流域，我們很難否定東周時決成漯川的一渠，不是一部分循那條路出海，尤其「河」、「漯」交錯，在末流很難作出區別（參看前第六節及下文）。李氏認「起觀城，入蒲臺」只是漢世決河，我們看不出他有什麼理由，恐怕因他錯把赤河當作漯川所引起的誤會。

清人畢亨又有別的見解，他寫過一篇《漢武塞河復禹故道考》，大致以為「漢司空掾王橫言，《周譜》云，定王五年河徙，則今所行非禹所穿也。……如以漢時行水為禹行水，則定王五年之徙又將徙於何所乎？」[141] 按漢武並未曾引河復行鄴東「禹故道」，畢氏據王橫的話來批判，自有部分的理由。可是，他卻沒見到舊日所謂「禹河」，實即東周時所徙的河道，因而得到二渠之跡，「當在修武、武德界中，非漢之二渠」的結論。在

---

[140]　據《困學紀聞》十引。
[141]　《九水山房文存》上。

第八節　兩漢的黃河

漢以前修武、武德界中，我們無證據否定黃河有分流的事情，然而即使承認有，從整個黃河流域來看，也不過很小的局面。《禹貢》「浮於濟、漯，達於河」，又《孟子》「淪濟、漯而注之海」，漯上可通河，下可達海，明明是一條大渠，我們哪能見小棄大，反向修武、武德去尋找「禹」的二渠呢？

總而言之，《河渠書》的「復禹舊跡」，從文而來看，錯是錯了。然而「禹河」的一渠行漯川，塞宣房後河的一支也行漯川，那是相同的。「禹河」的又一渠由鄴東合漳水至章武入海，塞宣房後河的另一支王莽河，經貝丘至章武入海，那是不相同的。可是鄴東故大河跟王莽河都在章武入海，不同之中，又有些相同。「復禹舊跡」的真意，也許只是說「分作兩支入海，與禹廝二渠相同」，不是說流域全同，措辭偶然不慎，致惹起後人的糾正。

根據這些討論，我們知道宣房未塞之前，黃河除上游的蒗蕩渠外，下游實分作三支：一支從濮陽入泗，一支從頓丘出海，一支仍走漯川的舊道。到宣房塞了入泗一支之後，只剩兩支，然而沒有多久，[142] 黃河又向再東北的地方 —— 館陶，刮出一條新道，仍舊維持著三支的數目，是值得我們注意的。這條新道被人們稱作屯氏河，通過魏、清河（今清河縣）、信都（今冀縣）、勃

---

[142]　《漢書》二九沒有說出哪一年，唯記在宣帝地節之前。按成帝初（元前三二年）馮逡奏稱：「屯氏河流行七十餘年，新絕未久。」由此上推七十年，則為漢武太初三年（元前一〇二年），可見屯氏河的分流應在元封三年（元前一〇八年）至太初三年那六七年間。

海（今滄縣）四個郡的轄境。據說它的闊度和深度，都跟黃河正流一樣，通過的地方雖然略被淹浸，同時，南方那五六個郡卻安枕無憂，所以朝廷也任其自然，索性不理會它。

丁、由元帝至王莽始建國北瀆（王莽河）斷流的時期

後至元帝 [143] 永光五年（元前三九年），黃河在清河郡靈縣（今高唐）的鳴犢口決堤，形成一條新支河（《水經注》五稱為鳴犢河），[144] 屯氏河因此斷絕了，但鳴犢河的流量也不很通暢。

當成帝初年（元前三二年），清河都尉馮逡曾說：「（清河）郡承河下流，與兗州東郡 [145] 分水為界，城郭所居尤卑下，土壤輕脆易傷，頃所以闊無大害者，以屯氏河通，兩川分流也。今屯氏河塞，靈鳴犢口又益不利，獨一川兼受數河之任，雖高增堤防，終不能洩，如有霖雨，旬日不霽，必盈溢。靈鳴犢口在清河東界，所在處下，雖令通利，猶不能為魏郡、清河減損水害。……屯氏河流行七十餘年，新絕未久，其處易浚，又其口所居高，於以分流，殺水力，道里便宜，可復浚以助大河洩暴水，備非常。」

---

[143] 張了且《歷代黃河在豫氾濫紀要》稱：「宣帝本始二年（元前七二年）河決宣防（即瓠子塞口）。」（《禹貢》四卷六期六頁）舊史並沒有這一回事，不曉得根據某種誤本。

[144] 據《水經注》五，這條鳴瀆河到了鄃縣（今平原），便與北瀆復合。

[145] 《漢書》二八「上東郡治濮陽」。

　　漢朝因為財政困難，未有照辦，不幸如他所預料，僅僅過了三年（成帝建始四年，元前二九年），黃河果從魏郡館陶縣崩潰，受水患的地方，廣延到東郡、平原（今平原縣）、千乘（今高苑縣）、濟南（今歷城縣）四郡的三十二縣，淹沒了田地十五萬餘頃，水深至三丈，破壞房舍約四萬所，成帝才派河堤使者王延世辦理填塞決口事務。延世「以竹落[146]長四丈，大九圍，盛以小石，兩船夾載而下之，三十六日河堤成」，成帝為慶幸延世的成功，特將其明年改號作河平元年。[147]

　　《中國水利史》敘述這一個期間黃河變遷時，有好幾點錯誤，不可不加以辨正。它說：「屯氏河與大河並行，大河在東，屯氏河在西，屯氏河又自信成縣（今河北威縣）分支為張甲河，東北流至蓨縣（今河北景縣）入漳，大河又自靈縣（今山東高唐縣西南）分支為鳴犢河，東北流至蓨縣入屯氏河，四河並行凡七十二年。蓋屯氏河地勢居高，分殺水勢，道里便宜，清河以下，承河下流，土壤輕脆易去，建瓴直趨，又得鳴犢匯流，故久而不害也。元帝永光五年（元前三九年）河決清河靈縣之鳴犢口而屯氏河絕。」[148]

　　鄭氏說「四河並行」，不數漯川，更不數及向南分流的濟和

---

[146]　今廣州俗語尚稱盛物的竹器為「落」，《至正河防記》作「竹絡」。

[147]　均據《漢書・溝洫志》。

[148]　《水利史》六一七頁。

汴，這種疏略，我且不論。但他憑什麼標準定為「四」數，卻不清楚。如專就出海的河口而論，則「屯氏正河」及張甲、鳴犢，均會合而同向章武出海，再加上各自出海之屯別北瀆，屯別南瀆（參看《錐指》的《漢屯氏諸決河圖》），河口只有三個，不足四個。如就分流來論，則屯氏正、屯別北、屯別南、張甲左、張甲右，加上靈鳴及大河本身，共有七支，又不只四，這是分析的錯誤。

他所謂「七十二年」，大約是從元封二年（元前一〇九年）塞宣房起，至永光五年（元前三九年）鳴犢口決堤止。但前後合計，也只七十一年，他多算了一年，這是計算的錯誤。

然而河決鳴犢口，才構成鳴犢河，既有鳴犢河，屯氏河便絕，張甲河是分自屯氏別，《漢書·溝洫志》及《地理志》的文義都是很明白的。那麼，永光五年以前，並沒有鳴犢河，永光五年以後，屯氏和張甲又已斷絕。換句話說，鳴犢河跟屯氏、張甲二河不是同時存在的，哪來「四河並行」的話？至「四河」的列舉是否適合，更可不論，這是考事的錯誤。

《水經注》五稱：「《十三州志》曰，鳴犢河東北至鄃入屯氏，考瀆則不至也。」它以為鳴犢在鄃縣（今平原西南）便合入屯氏及大河。按「鄃」，《漢書·地理志》亦作「蓨」，它說，「靈，河水別出為鳴犢河，東北至蓨入屯氏河」，即《十三州

志》所本。不過清河、信都兩郡國水道交錯，依事理來論，鳴犢總不會流至蓨縣才合入屯氏，關於這一點，《水經注》當比《漢地誌》為可信，這是考地的錯誤。

　　鄭氏的「七十二年」，似來自於《漢書·溝洫志》的「屯氏河流行七十餘年」，但這「七十餘年」是從決成屯氏河起計至成帝初年（元前三二年），並不是計至永光五年（元前三九年）。依鄭氏的計法，便變成屯氏河之決出，就在塞宣房那一年（元前一〇九年），完全違反了《漢書》的敘述，這是考年的錯誤。

　　當他推論到西漢末構成河患的原因時，教條主義的色彩尤為濃厚。冀、魯平原多數在海拔五十公尺以下，屯氏流域怎是地勢居高？黃河出海的路，自以魯北為最直捷，但直捷並不是黃河安瀾的唯一條件。土壤輕脆易去，則凡黃土沖積層都是一樣，非屯氏的特性，不然的話，屯氏又何至忽然斷絕？只持續流了七十餘年，在一部黃河史中，更算不上長久。鳴犢僅百十里內的小分流，其影響益微不足道。這樣的批判，不單是關在書房裡的觀察，而且連書本也沒有詳細檢閱了。總結歸到「殆西京之末運使然」[149]，套著宿命論的舊調，以非科學的方法來批檢科學史，那可無須再辨。

　　河平元年往後二年（河平三年，元前二六年），河復決平

---

[149]　同上八頁。

原，流入千乘、濟南。更後九年（鴻嘉四年，元前一七年），河水又氾濫了清河、信都、勃海三郡，破壞房舍的數目，與建始四年相等。丞相史孫禁當日被派赴視察水災，主張開啟平原的金堤，讓河水流入舊篤馬河，從這一條路至海只五百餘里，[150] 而被浸的三郡田地，水退後可得回二十餘萬頃，足以抵償開河時拆除民舍的損失，每年又可節省修堤救水的吏卒約三萬人以上。但同時擔任視察的許商，以為古來所說的九河，都在勃海、平原兩郡界，黃河屢屢改道，也不離這個區域，如果照孫禁的計畫開濬篤馬河，那就在九河之南，不能適合水勢，遂把孫禁的提議打銷。[151] 更有一派人主張順河之性，任其自流，候水行略定，然後因而加工，可以節省經費，根於這種聽天的心理，朝廷也就不再塞治。[152] 到王莽始建國三年（一一年），河又從魏郡崩決，淹浸了清河以東好幾郡的地方。[153] 《漢書》二九，孟康注：「二渠，其一出貝丘西南二折者也；其一則漯川也，河自王莽時遂空，唯用漯耳。」又《水經注》五：「一則北瀆，王莽時空，故世俗名是瀆為王莽河也。」後人以為北瀆之斷絕，即在始建國三年。胡渭在他的《禹河再徙圖》注稱：

---

[150] 《漢書》二八上「平原郡平原縣」：「有篤馬河，東北入海五百六十里。」

[151] 《太平寰宇記》六四「滴河縣」：「滴河在縣北十五里，漢成帝鴻嘉四年，河水泛溢為患，河堤都尉許商鑿北河通海，故以商字為名，後人加水焉。」是許商所開仍是篤馬流域，與《溝洫志》所記相反，未知孰是。

[152] 均據《漢書・溝洫志》。

[153] 見《漢書》九九中〈王莽傳〉。

第八節　兩漢的黃河

「周定王五年己未禹河初徙，下逮王莽始建國三年辛未而北瀆遂空，河改從千乘入海，是為再徙，凡六百七十二歲。」按周定王五年相當於元前六〇二年，始建國三年即一一年，相隔止六百一十二年，胡氏稱「六百七十二歲」，是多算了一個甲子。這一次河決不應稱作再徙，我在另一篇論文中已有辨正。[154]

　　再者，《漢書》九九中〈王莽傳〉：「河決魏郡，泛清河以東數郡，先是，莽恐河決為元城（元城今大名縣）塚墓害，及決東去，元城不憂水，故遂不堤塞。」決魏郡哪一縣，沒有明文，「東去」即胡氏「改從千乘入海」的證據。但胡渭又於其《禹河再徙圖》注稱：「永平中，王景自長壽津導河行漯川，至東武陽，始與漯別而東北行，至高唐，又絕漯而北，折而東，由漯沃縣入海。」按黃河這樣走法，似是它自身沖開的路徑，並非由王景用人工導成，而且《後漢書》沒有隻字提及，不知道胡氏為何作此斷定。而且「改從千乘入海」那句話，事實上也有點說不通，因為漢初的黃河已分道入漯，《水經注》五，「《地理風俗記》曰，漯水東北至千乘入海」，是王莽時的河變，只是由往日的「分流千乘入海」，轉變為這時的「專從千乘入海」，並不能說「改從」。換句話說，不是北瀆斷絕後才有千乘的河口。試看孟康注「唯用漯耳」，便見得漯從千乘入海和河從千乘

---

[154]　一九五二年《歷史教學》四月號，〈歷史教學上應怎樣掌握黃河的材料〉，又同年《新黃河》十月號〈關於黃河遷徙的研究〉。

入海，在他的眼光中並無區別。簡單地說一句，我們並沒拿著什麼證據，能夠指出始建國三年以後之千乘「河口」，根本不同於始建國三年以前之千乘「漯口」（也可稱作「河口」）。關於河和漯的下游糾葛不清，前文第七節也已略有說明了。

當這四五十年間，黃河不斷地鬧亂子，究竟是什麼原因呢？《漢書》裡面沒有明白指出，可幸從《後漢書》二所載永平十三年（七〇年）的詔書，我們得了一些線索。詔書說：

> 自汴渠決敗，六十餘歲，加頃年以來，雨水不時，汴流東侵，日月益甚，水門故處，皆在河中，漭瀁廣溢，莫測圻岸，[155] 蕩蕩極望，不知綱紀。

《後漢書》一〇六〈王景傳〉也說：

> 建武十年，陽武令張汜上言，河決積久日月，侵毀濟渠，所漂數十許縣，修理之費，其功不難，宜改修堤防，以安百姓。

濟水、汴渠同在一處受河（見前節），所以張汜的濟渠，詔書的汴渠，同是指黃河的南派。由永平十三年追上六十餘年，相當於西元初期，即漢平帝時代。然而在這之前一百三十餘年（元光三年），黃河「注鉅野，通於淮、泗」，已是橫斷濟、汴兩渠。瓠子的決口，經過二十多年，才加以填塞，濟、汴兩渠之

---

[155] 《廣韻》「圻，語斤切，與垠同」，見《錐指》四二。

第八節　兩漢的黃河

被壅斷，自在意料之內。所謂「侵毀濟渠」、「汴渠決敗」、「汴流東侵」和「河流入汴」，就是西漢末年黃河多事的原因。《後漢書》一○六〈王景傳〉注，「《十三州志》曰，成帝時河堤大壞，氾濫青、徐、兗、豫四州略遍」，也可拿來作證。[156]

汴的名稱，到東漢初期始在書籍上出現，它的起源，程大昌《禹貢山川地理圖》下曾作過如下的推測：

> 古今之水，立為一名，而他水不論鉅細遠近悉從其目者，其故有二。若從下流而總其源，則必水派特大，可以翕受其來而掩蓋之也。若彼大此小，乃能立名而使他流受之，則必發源之地，據其上游，可以該涵其下也。今汴在《水經》與蔡分派者，其在睢、渙、渦、汳中，特一支爾，而安能使淮、泗之北，滎、沛之東，凡水流委悉受其名而莫之與京耶？況東漢之世，又兼濟派而該之也歟。[157]……酈道元之記礫、索曰，濟渠水斷，汴溝唯承此始，則自漢以後，汴渠實資礫、索以為有水之始也。就二者言之，礫溪水者出滎陽之南，在《漢志》為卞水，為馮池。卞水、馮池同注礫溪，故礫溪得而受之以灌高卭之渠。為此之故，遂有推究其自而主本卞水以為之名，傳習既久，遂加水為汴。……至道中，太宗嘗問張洎汴梁首末，洎謂

---

[156]　《錐指》四二以為讀了《王景傳》和明帝的詔書才知道「滎澤之塞，實由於此」，注重在黃河上流，與我的意見正好有點相反。且青、徐、兗都處在黃河下游，詔書又明說東侵，當日的河患顯然不是發生在西邊的滎澤。

[157]　指張洎所說的濟渠（引見前文）。

汴水為汳，後人惡其字之從反，易反為汳，此執一之論也。許
叔重固嘗書汴為汳，然古字不如後世拘窒。

他所提出的理由，我有點不敢贊同。礫溪和索水以西的濟
渠斷絕，是否西漢末以前的事，《水經注》沒有指出，只可算是
程氏的臆測。我們還要問，為什麼濟水已斷而濟水的名稱依舊
不改呢？應瑒《靈河賦》：

> 資靈川之遐源，出崑崙之神丘，涉津洛之阪泉，播九道於
> 中州。[158]

依程說古字不大拘泥，故阪可從氵作汳，方音又轉讀如
「汴」，阪泉是古代的神話，[159]應瑒且應用作黃河的材料，所以
我相信「汴」字為「阪」字的變體（如「飯」字也寫作「飰」）。

三、齊人延年獻河出胡中之策

武帝時[160]有一個齊人名叫延年的，上書朝廷說：「河出崑
崙，經中國，注勃海，是其地勢西北高而東南下也。可案圖書

---

[158] 見《水經注》五。

[159] 《左傳・僖公二十五年》，「遇黃帝戰於阪泉之兆」。

[160] 《治河論叢》作「武帝元鼎間」（四頁）。按《漢書・溝洫志》的前文是：「至元鼎
六年……後十六歲大始二年……是時方事匈奴，興功利，言便宜者甚眾」，則
未必是元鼎時事。

觀地形，令水工準高下，開大河上領，出之胡中，東注之海，
如此關東長無水災，北邊不憂匈奴。」[161] 他知道「準高下」，並
非完全沒有科學知識，但他卻不知道實際的地文。張含英說：
「就流域之面積論之，包頭以上雖當全數之半，[162] 然以入河之
支流無多，水勢尚不甚大，迨至下游，涇、渭、汾、沁、伊、
洛等水匯流入河，而後流勢始猛，為害始烈。（民國）二十二年
之水災，其一例也。蓋以猜想是年洪流為二萬三千秒公方，而
來自包頭以上者，僅二千二百秒公方耳。」[163]

　　延年的計畫行不得，清初的陳潢早也提出過，他說：「夫
河之自西域而來，若無他水入之，止此一水，曲折行數千里，
其勢必衰，曷能為中國患。其所以為患於中國者，大半皆中國
之水助之也。設導西域本來之水，行於塞北，而域內之水，自
湟、洮而東，若秦之灃、渭、涇、汭諸水，晉之汾、沁，梁
之伊、洛、瀍、澗，齊之濟、汶、洙、泗，其間山泉溪谷千支
萬派之流，未易更僕數，凡此西北之水，安得不會為一大川以
入於海哉。矧河防所懼者伏秋也，伏秋之漲，尤非儘自塞外來
也。……所以每當伏秋之候，有一日而水暴漲數丈者，一時不
能洩瀉，遂有潰決之事，從來致患，大都出此，雖使河源引而

---

[161]　《漢書》二九〈溝洫志〉。

[162]　《治河論叢》：「黃河流域約七十三萬方公里，其在包頭以上者約三十五萬方公
　　　　里。」（五一頁）

[163]　同上五頁。

行之塞北，烏能永免中國山水暴漲之害哉。」[164] 可是近世還有這樣提倡的，「陳虯於光緒間幕遊東省，見治河無效，乃進三策。大旨謂循北幹[165]大界水之舊，順地脈而循天紀，是為上策。引河出河套而北徙，於是蒙古荒漠之地，頓致富強，東南罹患之區，可慶安瀾，是為中策。河源廣設水閘，以殺上游水勢，而緩下游之流，是為下策」。[166] 其上、中兩策不切實際，無庸多論，下策卻可算作上策。

有徙河胡中之獻議，於是衍生河行塞外之推測，百年前魏源早認為古大河沿中國北邊而東出，他說：「自蒲昌海至玉關，沙磧千餘里，又自玉關東至遼西，瀚海六千餘里，東會盧朐河、黑龍江之上游以入海。……上古至堯，天地氣運大變，故道漸已淤廢，塞外之河忽伏流潛行，冒出於中國之積石。於是懷山襄陵，東決平陽，西泛關中，不得不鑿斷呂梁以納洪流。」[167] 按黃河經過轉變，在地文學史中確有此說，但並不如魏氏的設想廣大久遠。最近范行准說：「證以《墨子·兼愛》篇中和《屍子》的話，都說在禹沒有治水之前，黃河由晉

---

[164]　《經世文編》九八。

[165]　舊有河行三幹之說；北幹即謂由河津經塞外而東出，這是前人的臆想，沒有證實。南幹指雲梯關出海的黃河故道，中幹指現行的河道。據宋伯魯說，南幹路左多山，且千餘里中土皆膠黏，任堤束水，以水攻沙，尚易為治。中幹則地勢迫狹，土性鬆緩，治之尤難（《光緒東華錄》一三五）。

[166]　見《圖書館學季刊》十卷三期四五一頁茅乃文撰文。

[167]　據吳君勉《古今治河圖說》五頁引。

而北，並不經過今之河北、山東、河南諸省的。」[168] 余按《墨子》：「古者禹治天下……北為防原派，注後之邸，嘑池之竇，灑為底柱，鑿為龍門，以利燕、代、胡、貉與西河之民。東方漏之陸，防孟諸之澤，灑為九澮，以楗東土之水，以利冀州之民。」又《尸子‧君治》篇：「古者龍門未闢，呂梁未鑿，河出於孟門之上，大溢逆流，無有丘陵高阜滅之，名曰洪水。」都沒有說出「黃河由晉而北」，范氏的話是有點出以臆度。張含英稱，現代歐洲地理學家如龐佩利（Pumpelly），尚有推測黃河過去是從河套之包頭向東行的，但現在已知其不確。[169] 德人岡瑟‧克勒（Gunther Köhler）著《黃河地形生成論》，謂黃河現在尚處於極端之幼年地形，當第四紀更新世（Pleistocene）曾經過一度劇烈的下切作用，始得其河底之基準，如今這種作用仍在黃河的上游和中游持續進行。它的上源仍向著上流浸蝕，已侵入西藏、青海，將青海和其他的湖泊。唯上源之瑪楚河，卻被長江漸漸侵襲而與之接近。又追溯到遠古，瑪楚下游恐怕是經過岷江而入長江，黃河本身僅自現在德忒昆都侖（即 Cherung 或 Girung，北緯三十五度，東經一百度）河口起，北向灣延至蘭州附近，假道渭水以入海。及第三紀造山運動促使河道傾亂，形成許多大淡水湖。其一自蘭州直達秦州，面積極廣，後

---

[168] 《中國預防醫學思想史》一九頁。
[169] 《治河論叢》五一頁。又有人說，由內蒙西部東通永定河。

至上新世（Pliocene）初期，注入水量過多，卒致四溢，遂穿越中衛之賀蘭山，直奔東北。而更新世的到來，從西藏流下的冰川，將大量物質沖積於長江上源之北岸，構成江河新分水界，使瑪楚不能南會於江，迫得轉向黃河，兩者會於德忒昆都侖河口。於是面積擴大，流力倍增，直趨河套的塊狀臺地，開始其浸蝕切斷之工作，造成河口至蒲州間之南北大峽谷。[170] 這樣來解說黃河上游之地文，比較可信。至於塔里木河原來是否向東伸展，是另一個問題。

▌ 四、賈讓的治河三策

賈讓的三策，在治河歷史上向來是很有名聲的。[171] 事緣哀帝初，領河堤的平當奏稱：「按經義治水，有決河深川而無堤防雍塞之文，河從魏郡以東北多溢決，水跡難以分明，四海之眾不可誣，宜博求能浚川疏河者。」讓這時候方官待詔，於是有上、中、下三策之批評，其文甚長（見《漢書・溝洫志》），現在把它摘要寫在下面：

---

[170] 楊夢華譯 Ren.ner 氏〈黃河之地文的說明〉（一九三一年《地學雜誌》二期）。
[171] 近世如馮桂芬《改河道議》（《續皇朝經世文編》八九）即主張賈說而詆靳輔和夏駰。

第八節　兩漢的黃河

　　夫土之有川，猶人之有口也；治土而防其川，猶止兒啼，豈不遽止，然其死可立而待也。故曰，善為川者決之使通，善為民者宣之使言。蓋堤防之作，近起戰國，雍防百川，各以自利。……河從河內北至黎陽為石堤，激使東抵東郡平剛，又為石堤使西北抵黎陽觀下，又為石堤使東北抵東郡津北，又為石堤使西北抵魏郡昭陽，又為石堤激使東北，百餘里間河再西三東，迫阨如此，不得安息。今行上策，徙冀州之民當水衝者，決黎陽遮害亭，[172] 放河使北入海，河西薄大山，東薄金堤，勢不能遠氾濫，期月自定。……今瀕河十郡，治堤歲費且萬萬，及其大決，所殘無數，如出數年治河之費以業所徙之民……且以大漢方制萬里，豈其與水爭咫尺之地哉？

　　簡括起來，就是引河北行，河面要放寬，非萬不得已，不宜多築堤以免與水爭地。拿現代眼光來看，他的上策如何，且留待下文再論。靳輔批評說：「河流不常，倏東倏西，倏南倏北，使河東北入冀，吾徙冀州之民以避之，倘河更東而沖兗，南而徐，而豫，吾亦將盡徙兗之民，徐、豫之民而避之乎？」[173] 對賈讓的真意，實屬誤會，夏駰已經揭出「冀州之民當水衝者……非統言冀州全境之民」[174]，代為辯護。至於讓所

---

[172]　《水經注》五：「又東逕遮害亭南……又有宿胥口，舊河水北入處也。」遮害亭和宿胥口就在同一塊的地方。

[173]　《經世文編》九六〈論賈讓治河奏〉。

[174]　同上〈賈讓治河論〉。

指摘「百餘里間河再西三東」，正如夏駰說，「河一折即一衝，衝即成險」，又「河自砥柱以來，其勢方澎湃而思逞，而咽喉之路，頓值迫束如此，是以抑於北則潰而南」[175]，弄得河流曲折湍激，其勢必導致潰堤，確能道中當日堤防不善的弊病。他的中策又怎樣呢？

　　若乃多穿漕渠於冀州地，使民得以溉田，分殺水怒，雖非聖人法，然亦救敗術也。……議者疑河大川，難禁制；滎陽漕渠足以卜之，其水門但用木與土耳。今據堅地作石堤，勢必完安。冀州渠首盡當卬此水門，治渠，非穿地也。但為東方一堤，北行三百餘里，入漳水中，其西因山足高地，諸渠皆往往股引取之，旱則開東方下水門，溉冀州，水則開西方高門，分河流。通渠有三利，不通有三害。民常罷於救水，半失作業；水行地上，湊潤上徹，民則病溼氣，木皆立枯，鹵不生穀；決溢有敗，為魚鱉食，此三害也。若有渠溉，則鹽鹵下溼，填淤加肥；故種禾麥，更為粳稻，高田五倍，下田十倍；轉漕舟船之便，此三利也。今瀕河堤吏卒，郡數千人，代買薪石之費，歲數千萬，足以通渠成水門；又民利其溉灌，相率治渠，雖勞不罷，民田適治，河堤亦成。

　　大意是要開渠以洩水漲。開渠固然是治河辦法之一種，然而首先須兼顧到地勢的高低，如果將水引向高地，是否不會倒

[175]　同上〈賈讓治河論〉。

119

灌？潘季馴曾辯稱：「澇固可洩，而西方地高，水安可往，蓋既傍西山作堤，則東卑而西亢可知。」[176] 這一點確是賈讓所未曾顧慮到的。季馴又說：「民可徙，四百萬之歲運將安適？……河水不常，與水門每不相值，或並水門漫淤之。」近人尹尚卿曾作出反批評，以為「漕運江南之粟，自元明以後始行之，在西漢時未嘗行運」。又「水門即今之閘壩涵洞……為古今治河必用之一法，季馴治河又何以不廢此乎？」[177] 這些辯駁都很有道理。至於賈讓的下策：

　　繕完故堤，增卑培薄，勞費無已，數逢其害。

　　夏駧推測賈讓的意思，以為「其所謂故堤者，乃即百里之間，再西三東，浚、滑二邑 [178] 之民曲防遏水之堤」[179]，「非專謂堤防為下策」。[180] 我再三細讀賈讓的提議，覺得夏氏的解釋，仍未能使人滿意。賈的真意，應該是：如果不能執行上策或中策而唯知修堤，那就是最下等的計畫。修堤仍是指一般的堤，並非專指浚、滑兩處的堤。李協稱：「賈氏之上、中策既不能用，僅用其最下策以久延日月，於是河之敝益甚。」[181] 末

[176] 據同上轉引。
[177] 《史學集刊》一期一〇二頁〈明清兩代河防考略〉。
[178] 同前《治河論》：「考黎陽即今浚縣，東郡白馬即今滑縣。」
[179] 《經世文編》九六〈賈讓治河論〉二。
[180] 同前〈賈讓治河論〉。
[181] 同前引《科學》八九七頁。

兩句正合賈讓的原意。夏氏又辯稱：

　　夫使讓誠以築堤為下策，則前不當云據堅地作石堤矣。使讓誠以築堤為下策，則必用疏、用浚，又不當云為渠非穿地，但為東方一堤，北行三百餘里入漳水矣。詳讓所言，則其築堤以束水之旨，實與季馴同也。[182]

　　我們對這個駁議，首先須知道築堤北行三百餘里入漳水，就是循著鄴東故大河的舊道，但前文已有說明，鄴東故大河戰國時早已斷絕。賈讓的上策所謂「放河使北入海」，原和先時的《河渠書》「北載之高地」，後來的王橫獻議「隨西山下東北去」，同樣的主張。換句話說，就是依照經義來治水，要恢復「禹河」。我們試作一個反問，如果不是恢復鄴東故大河，則築一道堤延伸至漳水，又與治黃有什麼相關，那便恍然明白了。所以賈讓的中策，只是上策的補充，兩事具有連帶關係。在未放河北行的時候，築堤至漳水那件事即無從說起，雖然他分為上、中兩策，實際只是一策。總括來說，就是決開黎陽的遮害亭或宿胥口，引黃河復走鄴東故大河的舊道，使與漳水會同出海，但由黎陽至漳口那一段，恐怕仍會向東方潰決，所以在那一段的東邊，築一條長三百餘里的石堤，堤旁酌量分設水門，預備洩水。前人完全不明白放河和築堤的關係，大概是因

---

[182]　均同前〈賈讓治河論〉。

第八節　兩漢的黃河

為「西漢之世，文辭樸略，不甚分疏，使人意會」[183]。依此看來，邱浚稱為「古今治河，無出此策」，即夏駰的批評：「讓所言乃據黎陽、東郡百里間之情形而言，使移而行之徐、兗中州之境，則已有大謬不然」[184]，也絲毫抓不著頭腦。

總而言之，鄴東故大河是黃河擺向左邊的極限，有史以來，只知道東周曾行走過一個時期，因為逼近西山高地，斷斷不易恢復。至不能應用別的方法而只知道築堤，賈氏認作下策，卻沒有什麼大錯。「不與水爭地」更是治黃的簡單原則，張含英認為「不與水爭地，不唯不能治河，而河且將日敝」[185]，說來未免過火。治河的方法，像溝洫、水庫、谷坊、分河及滾水壩（有些還是張氏所主張的），都是依據「不與水爭地」的原則。溝洫是分散的讓地，水庫、谷坊是點的讓地，分河是線的讓地，滾水壩是無規則的讓地，固然各有其特殊的意義，總還包含著讓地的目標，歸根一句，是有計畫的、任選擇的，不是呆板地、隨便地退讓罷了。張氏又把潘季馴的「以水攻沙」來跟賈讓相對比，[186]殊不知季馴所稱，「堤欲遠，遠則有容而水不能溢……又必繹賈讓不與水爭地之旨，仿河南遠堤之制……」（張氏在下文三〇頁也指出季馴的矛盾）遙堤就是讓

---

[183]　均同前〈賈讓治河論〉。
[184]　均同前〈賈讓治河論〉。
[185]　均《治河論叢》一一頁。
[186]　同上。

地。季馴吃虧卻在只顧下游，不顧上游，還帶著點頭痛醫頭的狹見。

五、其他的治河方略和技術

王莽時代也曾同樣徵求治河的方案，當日應徵的不下百人，交由司空掾桓譚來匯合編纂，據他說，提案內容稍為特殊的只有幾個：

(1) 關並的提案

自秦以後，河決常在平原、東郡左右，南北不出一百八十里的區域，該處地勢低下，土質疏惡，聽說大禹時原來空出此地，現在應該照樣辦理。[187]

(2) 張戎 [188] 的提案

水有往下流的性質，流快則自然能夠刮除淤積，使河床變深（季馴的束水攻沙即以此為出發點）。但黃河水濁，每水一石，含泥量六斗，現在沿河的百姓爭著引水來灌田，使河流變慢，泥沙發生沉積，及至定期的三月潮水來到，便造成河水氾

---

[187] 《漢書・溝洫志》。
[188] 《水經注》引作張仲。《溝洫志》顏注引桓譚《新論》，戎字仲功。

第八節　兩漢的黃河

濫。國家屢屢增築堤防，結果堤防高於平地，人民無異住在水
的裡面。依他的意思，應該禁止民眾引河來灌田。[189]

（3）韓牧的提案

就《禹貢》九河的地方，試挑河四五條，總可有益。[190]

（4）王橫 [191] 的提案

他說，河水流入勃海在從前某一個時候，遇著霖雨不止，
加以刮東北風，海水於是向西南漫溢了好幾百里，往日九河的
地面都已沉沒在海裡，韓牧所提出挑河之處，比勃海還低。查
禹的治水方法，是引黃河沿著西山的山腳向東北流去，現在應
仿照辦理。[192] 提案的前段近於齊東野人之言，我在前文第六
節已經加以辨正。後段則完全和賈讓的上策相同，正像胡渭所
說，「意皆欲復禹河故道」[193] 就是。

通觀西漢人治河的方案，如果斷章取義，雖含有多少至理
名言，但從任一方案整個來看，總免不掉脫離現實，而帶著很
濃厚的信古色彩。我在前文第三節必要對《禹貢》的作年來一

---

[189]　參據桓譚《新論》及《溝洫志》。
[190]　見《溝洫志》。
[191]　《水經注》五引作王璜，《漢書》八八〈費直傳〉及孔氏《古文尚書》條均同。
[192]　見《溝洫志》。
[193]　《錐指》四〇下。

124

回深入檢討，就因為這個原故。

　　應附記的兩漢時治河的技術。《史記》二九〈河渠書〉記漢武塞瓠子決口時，「令群臣從官自將軍已下，皆負薪寘決河。是時，東郡燒草，以故薪柴少，而下淇園之竹以為楗」。如淳注：「樹竹塞水決之口，稍稍布插接樹之，水稍弱，補令密，謂之楗，以草塞其裡，乃以土填之，有石，以石為之。」又《瓠子歌》：「河湯湯兮激潺湲，北渡迂兮浚流難，搴長茭兮沉美玉，河伯許兮薪不屬，薪不屬兮衛人罪，燒蕭條兮噫乎何以御水？頹林竹兮楗石菑，宣房塞兮萬福來。」臣瓚注：「竹葦絙謂之茭也，所以引置土石也。」又顏師古注：「石菑者謂臿石立之，然後以土就填塞之也。」《水經注》七引《司馬登記功碑》：「唯陽嘉三年二月丁丑，使河堤謁者王誨疏達河川，遹荒庶土，往大河沖塞，侵嚙金堤，以竹籠石葺土而為堨，壞潰無已，功消億萬，請以濱河郡徒疏山採石，壘以為障，功業既就，徭役用息。」又同書九記曹操建築枋頭，「其堰悉鐵柱木石參用。」連同前引王延世以竹落盛小石塞決，都是兩漢用掃合龍及建築石堤的故事，可見得二千年前的治河工程，已兼採用鐵石。但近歲治河人員還有堅持「稽土勝於柳石」的，[194] 簡直是數典忘祖。再如淳所稱樹竹塞口，稍稍布插接樹，也很像是

---

[194]　均《治河論叢》七〇頁。

「先行下樁，繼而填料」的「新法」[195]，那麼，更不應作新法、舊法之爭了。

▍六、東漢的治河

　　建武十年（三四年），陽武令張汜曾建議修治濟渠（引見前文），光武帝正擬執行，因浚儀令樂俊「新被兵革……民不堪命」的話而中止。[196] 及至明帝時代，河患越來越廣，經不起兗、豫百姓的怨言，永平十二年（六九年），明帝才決心加以修治。他的動機，可從十三年的詔書[197] 略見其大概：

　　今兗、豫之人，多被水患，乃云縣官不先人急，好興它役；又或以為河流入汴，幽、冀蒙利，故曰左堤強則右堤傷，左右俱強則下方傷，宜任水勢所之，使人隨高而處，公家息擁塞之費，百姓無陷溺之患。議者不同，南北異論，朕不知所從，久而不決。今既築堤理渠，絕水立門，河、汴分流，復其舊跡，陶丘之北，漸就壞墳。……

　　修治的經過，《後漢書》一〇六〈王景傳〉也有紀錄：

　　（十二年）夏，遂發卒數十萬，遣景與王吳修渠築堤，自滎

---

[195]　同上。
[196]　《後漢書》一〇六〈王景傳〉。
[197]　詔書的前段已引在前文。

陽東至千乘海口千餘里。景乃商度地勢，鑿山阜，破砥績，[198]
直截溝澗，防遏衝要，疏決壅積，十里立一水門，令更相洄注，
無復潰漏之患。景雖簡省役費，然猶以百億計。明年夏，渠成。

這一段記事頗有含糊的地方，胡渭因而提出下面的解釋：

王景修渠築堤，自滎陽東至千乘海口千餘里，則其所治者
即東漢以後大河之經流也。而史稱修汴渠，又曰汴渠成，始終
皆不言河。蓋建都洛陽，東方之漕，全資汴渠，故唯此為急，
河、汴分流則運道無患，治河所以治汴也。……十五年，景從
駕東巡至無鹽……陶丘[199]今定陶，無鹽今東平，皆濟水所經之
地也。二渠既修，則東南之漕，由汴入河，東北之漕，由濟入
河，舳艫千里，輓輸不絕，京師無匱乏之憂矣。[200]

說東漢人曾利用汴、濟二渠來漕運，我們雖未獲得直證，
也未獲得反證，這且不論。詔書所謂「河、汴分流，復其舊
跡」，從現實來講，斷沒有光是治河而汴即安堵的理由，更沒
有光是治汴而河便安堵的理由。《王景傳》之「自滎陽東至千
乘」，顯是記敘治河的工作。「明年夏，渠成」一句，則可作

---

[198] 《後漢書》注：「《尚書》曰，原隰底績，底，致也；績，功也，言破禹所致功之
處也；或云砥績，山名也。」第一個解釋直是文不對題。考《漢書‧溝洫志》賈
讓奏：「故鑿龍門，闢伊闕，析底柱，破碣石。」正跟這裡「鑿山阜，破砥績」
的文義相當。砥績就是底柱的異寫，作為通名用，大約是「沙灘」的意思，並
非指後世所知道的「底柱」。

[199] 這指永平詔書裡面的「陶丘之北」一句。

[200] 《錐指》四〇下。

兩種解釋：許是汴渠至這時才修治完畢，也許是用「渠」字來包括一切工作，如《史記》稱《河渠書》，又稱「乃廝二渠」，即「河」、「渠」通用之例。司馬光不能領會《後漢書》的文意，於《通鑑》四五永平十二年下書：「遣景與將作謁者王吳修汴渠堤，自滎陽東至千乘海口千餘里。」又書：「十三年夏四月，汴渠成。」連汴渠的開始與結束，也不分明（汴水並不流至千乘，見前文第七節）。又在「渠成」上加上一「汴」字，更是佛頭著糞，這是司馬光絕大的錯誤。胡氏專攻黃河歷史，反根據《通鑑》沒有說治河而提出急於漕運的臆解，可謂一誤再誤。

　　自王景治河以後，黃河所經的道路，據胡渭說：

　　司馬彪不志河渠，東漢以後，無可考據，賴有《水經注》存。其所敘當時見行之河……以今輿地言之，滑縣、開州（並屬直隸大名府）、觀城、濮州、範縣、朝城（並屬山東東昌府）、陽穀（屬山東兗州府）、茌平（屬東昌府）、禹城、平原、陵縣、德平、樂陵、商河、武定、青城、蒲臺（並屬山東濟南府）、高苑、博興（並屬山東青州府）、利津（屬濟南府）諸州縣界中，皆東漢以後大河之所行也。[201]

　　大致是對的。他又說：

　　河自平帝之世，行汴渠東南入淮，亦行濟瀆東北入海，與

---

[201]　《錐指》四〇下。

後世南、北清河之分派，幾相類矣。[202]

那是錯誤的。河水分從濟、汴入海，東周前原來是如此，東周後也未斷絕，已詳見前文第七節。再經過王景的修治，直到西晉初期，仍可循著汴水入河（見下文第九節引《晉書・王浚傳》）。

裘日修謂漢明帝時德、棣之間，河播為八。魏源《籌河篇》反駁，認為《王景傳》「並無播河為八之說，《明帝紀》言……王景治之，河、汴分流，是其時河決為二，一由汴，一由濟，王景塞汴歸濟，並不北經德州，亦無德、棣間先決為八之事」[203]。魏氏所駁前段雖不錯，但「汴渠」、「濟渠」當時是通用的名詞（見前文），那麼，「塞汴歸濟」豈不是等於「塞汴歸汴」？就說它們倆下游有別，然而汴於王景治河後仍受河分流，並沒有堵塞著。

康基田《河渠紀聞》對這一回治績又有別的解釋，他說：「河、汴相隨，中築長堤間隔（就大勢言之如此，其實兩河距離尚遠），汴行北濟故道，其別出者通於淮、泗。」[204] 按北濟的南邊還有南濟（見前文第七節五項內），再南才是汴，三水的受

河雖然相同，下游則各有區別。當東漢時代，黃河正流地位居最北，濟居中，汴則最南。汴水經過睢陽、蒙、己氏、下邑、碭、杼秋、蕭等縣，至彭城而會泗入淮（見下文第九節），北濟經陽武、封丘、濟陽、冤朐、定陶等縣之北，東至乘氏縣，與南濟之一支同入於鉅野澤，從鉅野再出，經壽張、須昌、谷城、臨邑、盧、臺、菅、梁鄒、臨濟、利等縣而入海，唯南濟之別一支才會泗之淮（見前文第七節）。詔書的「河、汴合流」，是因當時「汴」字可以管「濟」，「濟」字也可以管「汴」（參前文第七節五項甲），就是說，那幾條水道各復其舊跡。如果認為「汴行北濟」，則是汴被消滅了，而且汴的下游南走向徐，北濟的下游北走向青，那是多麼不合理的推論啊！

　　李協（即儀祉）說：「……唯明帝使人隨高而處，則適合歐人都邑擇地之旨，而可為吾華人居住苟簡之針砭。常見吾國南方都邑，大抵逼水而處……稍有漲漫，便遭氾濫，是豈水逼人哉，實人自投水耳。更有妄築圩堤，侵踞湖蕩，使水無游移之地，此賈讓所謂與水爭咫尺之地者。……《管子》曰：凡立國都，非於大山之下，必於廣川之上，高毋近旱而水用足，下毋近水而溝防省。」[205] 這些話在地廣人稀的上古，人類固有自由選擇之餘地，周族營建成周，背邙面雒，用意正是如此。

---

[205]　同前引《科學》九〇一頁。

甚而現在所見時代較早的村落，也多是靠山建築。但到了人口繁殖，選擇的途徑越狹，一般貧苦農民，哪有力量構成崇樓傑閣，處著這種環境，少不免要與水爭地了。至於詔書中「使人隨高而處」一句，前頭承接著「又或以為……」，後頭跟著說「議者不同，南北異論」，它只是說當日有人提出這樣一種主張。李氏以為明帝要民眾擇高地來住，純是誤解詔書的文義。

明帝以後，據《水經注》五：「漢安帝永初七年（一一三年），令謁者太山於岑於石門東積石八所，皆如小山，以捍衝波，謂之八激堤。」石門就是汴口的石門。[206] 同書又說：「順帝陽嘉中（一三二一一三五年），又自汴口以東，緣河積石，為堰通渠，[207] 鹹日金堤。靈帝建寧中（一七一年）又增修石門，以遏渠口，水盛則通注，津耗則輟流。」又同書七：「靈帝建寧四年，於敖城西北壘石為門，以遏渠口，謂之石門，故世亦謂之石門水。門廣十餘丈，西去河三里。」這些史料，《後漢書》

---

[206] 《錐指》四二：「鴻溝首受河處一名蒗蕩渠，亦名汴渠，又名通濟渠，即今河陰縣西二十里之石門渠也，《水經》直謂之濟水。」按《淮系年表》二敘東漢事略有錯誤，如把永初七年於岑建八激堤記在元年，一也。《水經注》七雖別著滎口石門，但《水經注》五的「石門」是承上汴口石門而言，那是後人綜述時的追補方法，與汴口石門已否設立無關，武氏以為這指滎口石門，未免呆讀故書，二也。

[207] 戴校本稱近刻「渠訛作淮，下衍古口二字」。按《禹貢山川地理圖》下引作「緣河積石，為堰通淮古口」，「淮古」是誤將草寫的「渠」字拆作兩字，依下文「以遏渠口」，「通」應改正作「遏」，文義才不至矛盾。又「口」字不可省。《錐指》四〇中上引作「通古淮口」，也是不對的。

第八節 兩漢的黃河

都沒有記著，[208] 還幸《水經注》有。至如胡渭所說，「濟隧亦通河，至於岑造八激堤而其流始絕」[209]，似乎沒有什麼證據。

最後，《後漢書》二五有桓帝「永興元年秋，河水溢，漂害人物」一條，同書七三〈朱穆傳〉稱：「永興元年河溢，漂害人庶數十萬戶。」[210] 這一次的河災可不算小，但除冀州外，哪些地方受害，完全沒辦法知道。

▊ 七、王景的成功靠什麼方法？

王景治河成功，讀過黃河史的人哪個都知道。他究竟從哪些地方得到助力，卻很少透澈精闢的討論。李協曾說：

> 功成，歷晉、唐、五代千年無恙……而胡氏渭斥其僅從事汴、濟，不知復禹舊跡，此則未免有膠柱鼓瑟之見。……鑿山阜，截溝澗，欲河道之有規律也，防遏衝要，疏決壅滯，固其防而除其礙也，十里立一水門，更相洄注，以減洪也，其治法雖不可詳考，然必有深合乎治導之原理者。[211]

---

[208] 《錐指》四〇下：「《後漢書·五行志》書河溢者二；桓帝永興元年秋河水溢，漂害人物，而不言某郡」。按《後漢書》七永興元年（一五三年），「秋七月，郡國三十二蝗，河水溢，百姓飢窮，流冗道路，至有數十萬戶，冀州尤甚」，是這一年的災害，似乎是蝗蟲、水災合併所造成。

[209] 《錐指》四〇下。

[210] 同書二五，劉昭注或作「數千萬戶」，當是「十」訛寫，參前注96。

[211] 同前引《科學》八九七頁。

胡渭批評的不妥，魏源早在《籌河篇》指出，他說：「胡氏渭尚責王景不知復禹河冀州故道，未能盡善……但慕師古，無裨實用，斯則書生之通弊已。」[212] 王景的得力處，近世論者多注重水門一項，而解釋不盡相同。魏源《籌河篇》以為水門即涵洞，應設在內堤，水門外必仍有遙堤，即漢人所謂金堤。「計王景新河初年尚淺，大汛時往往溢位內堤，漾至大堤，故立水門，使遊波有所休息，不過三四日即歸河槽，故言更相洄注。若新河滌深，大汛不復溢過內堤，水門同於虛設，故能千年無患。」十里一水門並不是於外堤洩水。[213]

　　劉鶚《治河續說》稱：「河員只講習於三汛四防，而不能統籌全域性，文士徒沉湎於宏搜遠引，又不能切近事情，互詆交非，其實皆誤。竊考古今言治河者約分兩派：一主賈讓不與河爭地之說，其蔽也易淤。一主潘季馴束水攻沙之說，其蔽也易溢。然淤之患遠，禍在後人，溢之患近，害則切已。」[214] 這一段話可算抓緊重點，分析清楚。但之後對於原則運用之利弊，卻有點不清楚，他以為「主潘之說，有善用者即可不溢，主賈之說，雖神禹復生，不能不淤」，接著，他指出王景距離賈讓不過三十（應作六十餘年），並沒有採用賈說而景以能治河著

---

[212]　《再續金鑑》一五四。

[213]　同上。

[214]　均同上一五八。張含英認「水門放淤以減泥沙」為王景治河的方法（《治河論叢》一四頁），跟劉說有點相同。

名，那可證實說之不適於用。王景就是應用放淤法於全河，「水
門者閘壩也，立水門則濁水入，清水出，水入則作餞以護堤，
水出則留淤以厚堰，相泂注則河漲潮分，河消水合」[215]。按水
流有一定的體積，要以一立方尺的體積容二立方尺的水，結果
必然溢位，那是人所皆知的，不與水爭地這句話，我們不要就
字而呆解。劉氏所謂「河漲潮分」，便是王景善用賈說。善用潘
說而可以不溢，哪見得善用賈說而不能不淤呢？簡單來說，無
論「不與水爭地」或「束水攻沙」，應用時都要隨時隨地而加以
變通，這是兩種議案一樣無異的。

　　李協對這個問題也另有說明：「竊謂河汴分道而趨，必各
自有堤。其始也，汴與河相去不遠，故易受河之侵襲。……設
汴之左堤鄰於黃河，堤上每十里立一水門，則河水漲時，其
含泥濁水注於汴渠，由各水門挨次注入兩堤間，泥沙淤澱，水
落，澱清之水復挨次入汴。因之汴水不致過高，以危堤岸，兩
河之間淤高，清水入汴，刷深河槽，故無復潰漏之患。至漲潮
由水門注入堤後何以能淤澱……自甲水門注入堤後，其流速 V'
必較緩於正河之流速 V，即 V' ＜ V。故（堤後）甲門之水流至
乙門時，正河之水亦同時自乙門注入。堤後之水為其所託，其
勢更緩，且更向後漫旋。所挾之泥沙，勢必無力盡數攜帶，因

---

[215]　同上。

而沉澱，愈積愈高，此後世放淤之理所從出也。」[216] 以放淤為出發點，同於劉鶚而更加詳盡。

武同舉的見解卻異於以上三說，大致是：「王景治河，其主旨在治汴通漕。……修汴口門自為第一要著。史言……十里立一水門……遂有以水門屬黃河之誤解……蓋有上下兩汴口，各設水門，相距十里；又各於灘上開挖倒鉤引渠，通於汴口之兩處水門，遞互啟閉，以防意外。汴口既治，全溜歸入正河，水量激增。但築正河兩堤，訖於海口，其事已畢。」[217]

徵引既畢，可先就武說進行批判。東、西漢間河、汴亂流，下游居民、田舍受害不淺，通漕（說本胡渭）充其量只是第二目標，最重要的還是免除水患。景治河之後，依然「河、汴分流」，汴和濟的上中游都是無源之水，由黃河分流而後成其為水，他卻說「全溜歸入正河」，實在不得要領。又從《王景傳》來看，十里水門絕對不是僅在汴口施工，照他的說法，修理好汴口兼築正河兩堤，便任務完成，獲到數百年安堵，沒有找出王景成功的原則，未免看事太易。

王景治導的原理，我以為可分作兩點來探討，順帶論及魏、劉、李三家的意見。

---

[216] 據《古今治河圖說》一七一一八頁轉引〈王景理水之探討〉一文。
[217] 同上一八頁引。

（1）根據自然的分流而加以整理

濟和汴或是黃河的故道，或是黃河的分流，前頭說過很多了，唯其為自然的而非人工的分流，則有點表現著「順水之性」，實科學未昌明時代治水者所不可忽略的一面。

宋蘇轍說：「黃河之性，急則通流，緩則淤澱，既無東西皆急之勢，安有兩河並行之理。」[218] 明潘季馴說：「河之性宜合不宜分，宜急不宜緩。合則流急，急則盪滌而河深；分則流緩，緩則停滯而沙淤。此以堤束水借水攻沙為以水治水之良法也。」[219] 潘氏尤為清人所佩服，故多數奉「水不宜分」為原則。

李協的批評說：「西人治河，亦以堵塞支流（Closing secondary arms）為要，其義一也。……禹廝二河，後世學者拘於泥古之法，則以為河不可不分，故自漢以後，治河者莫不以分水為長策，唯張戎反對之。潘氏則尤深知河分之弊。蓋自來決口不堵，則正流斷絕，靳輔論黃河下流之淤高，亦歸咎於決口不即堵塞。顧河非絕對不可分也，不分，亦未必即能免其淤也。使河身寬弛，則雖合亦淤；使其狹深而整，則雖分亦可不淤。散漫之支歧，固必封閉，然因地勢、流量關係，亦非必強之使不分。故禹之廝河，無弗當也，謂河必分，過也，謂必不

---

[218]　《宋史》九二。
[219]　同前《科學》九〇一頁節引。

可分，亦未為得也。」[220]

從前文的辯證，我們知道上古絕無大禹治水的故事，所傳禹廝二渠，簡直是黃河順著自然之勢，分作兩條路出海。那時候人口稀疏，放著不管，等到海口高仰，不能暢通，王莽時北瀆斷絕，就是自然的堵塞。後世生齒日繁，與水爭地，唯盲目地主張恢復故道，沒有科學眼光來審察形勢，河越治而河患越多，未嘗不因為這個原故。

李氏所引外國專家之說，只限於「堵絕次要的分支」，如其性屬重要，當然不在此論，所以李氏亦有「非絕對不可分」之補充。黃河潰決，總在暴漲時期，漲得甚速，落得也甚速，這是它的特性，不能呆板地與別的河流相比。

萬恭《治水筌蹄》說：「黃河非持久之水也，與江水異，每年發不過五六次，每次發不過三四日，故五六月是其一鼓作氣之時也，七月則再鼓而盛，八月則三鼓而竭且衰矣。」[221]

光緒六年葉蔭昉奏：「黃流漲落，只在須臾。」[222]

又張含英說：「黃河之大患，在洪水之來去甚驟。試就二十二年大水而論，八月八日，河水在陝縣猛漲，一日之間，流量自五千增至一萬五千秒立方公尺，九日中夜，續漲至二萬

---

[220]　同上九〇一一九〇二頁。
[221]　《金鑑》二八。
[222]　《光緒東華錄》三〇。

三千秒立方公尺；十日漸落，十一日落至一萬，至十四日又落至五千秒立方公尺。以二日之間，自五千增至二萬三千秒立方公尺；而又於四日之內，仍降至五千秒立方公尺。水勢既如此甚驟，河槽自無刷深之時間，故二十二年開口五十餘處，多漫溢也。」[223]

讀了末一段紀錄，便明白河防危險的情況，往往發生在急促而較短的時間，由於水量大，流勢急，無法消弭，故易於潰決。黃河穿過了豫西山地之後，正像奔馬怒馳，不受羈勒，汴、濟分河於今廣武縣的西邊，把洶湧的來勢，迎頭一洩，那種影響，非同小可。而且，濟則東出定陶，汴（或蒗蕩渠）又散入於潁、渦各流，分途會淮，直是保持著許多變相的大水庫，經千百年沒有大患，就因為王景能順著黃河自己的規律而加以醫治。

有人又引張氏的話：「大水之時，洪流刷槽，兼淘壩根，未及拋石護之。洪去水落，繼以正溜頂衝，故其危險，較大水之時為尤甚。」以為危險在落水，[224] 分河不能照顧到這一層。殊不知分流既洩其怒氣，刷槽淘根的力量自然會減低，是落水後的危險，分流仍可給以間接的阻止。

---

[223] 均《治河論叢》九三頁。
[224] 均《治河論叢》九三頁。

北宋時期也有汴水，為什麼它的河患特別多？或人提出這一個疑問。我覺得可能有幾種原因：

　　其一，東流之濟，唐前便已斷絕（參上文第七節），少了一道分洩的去處。

　　其二，大梁為帝都所在，他們怕發生危險，不敢多放河水入汴渠，「常於河口均調水勢，止深六尺，以通行過載為準」。又河口接溜，已遂漸失去管制之能力，「故河口歲易，易則度地形相水勢為口以逆之」[225]。

　　其三，北宋一百六十七年當中，上游只決滎澤、陽武各二次，原武一次（參下文第十節），其餘都發生在浚、滑以東，那當是下游狹束，日久淤塞，無法宣洩，所以出海的口屢次變易。宋人治河又不得法，把治河方案的是非，混入黨爭的成見，河患於是越來越多了。

　　三個原因中，大抵以最後一個最為重要，故雖有汴渠的分洩，也無從挽救下游的河患。反之，下游屢潰決，也不能將汴河分洩歸為主因。我們試回想一下，唐代固有汴分流而河患不多，事情便明白了。

　　《宋史》九四元祐四年梁燾奏：「聞開汴之時，大河曠歲不決，蓋汴口析其三分之水，河流常行七分也……既永為京

[225]　均見《宋史》九三。

師之福，又減河北屢決之害。」「曠歲不決」，雖未盡合實情，然浚、滑以西，潰溢特少，梁矞歸功於汴渠分水，不是毫無所見。

《水經注》七曾說：「漢明帝之世，司空伏恭薦樂浪人王景字仲通，好學多藝，善能治水，顯宗詔與謁者王吳始作浚儀渠，吳用景法，水乃不害，此即景、吳所修故瀆也。渠流東注浚儀，故復謂之浚儀渠。」這一段記事也意味著景之得以成功，半在分渠著眼。

又有人難我水勢分則緩，緩則淤，黃河下游的淤澱，仍然是汴渠分流所導致，不過其淤度略慢，故延至宋代才顯出嚴重，這一串話似有片面的理由。按包世臣的《說壩》曾有過「潘氏（季馴）之前，河流歧出，沙分停而不厚」那幾句話，[226] 我們且不必引以為據。要對前說加以反駁，先須揭出黃河淤澱的現象。

《錐指》四二：「余闕曰：河，天下之濁水也，水一石率泥數鬥，嘗道出梁、宋觀決河，凡水之所被，比其去，即穹居大木，盡沒地中，漫不見蹤跡。……《鉅野縣誌》云：元末，河決入鉅野，及徙後，澤遂涸為平陸。」李協說：「一八九八年河堤決口，山東境內王家梁地為黃沙所掩，地面占三〇〇

---

[226] 《經世文編》一〇二。《科學》九〇二頁引作嵇曾筠的話，是弄錯的。

方公里，厚自〇.六公尺至二.〇公尺，取其中，以一公尺計算，則有三〇〇，〇〇〇，〇〇〇立方公尺之土積，可謂巨矣。」[227] 淤澱既這樣迅速和大量，而汴渠構成之歷史，最少可推至北宋前千五百年以上，北宋的河患哪能歸咎於汴渠？何況當日汴口「均調水勢，止深六尺」，影響正流或不至很大呢。

　　汴口分流的重要還可從王景治河後找出一兩個明顯的例子，陽嘉和建寧曾兩次於汴口東邊築修石堰、石門以遏渠口（引文見前），「遏」含著什麼意義呢？據《坤元錄》說：「其汴口堰在（河陰）縣西二十里……隋文帝開皇七年，使梁睿增築漢古堰遏河入汴也。」（《通典》一七七）這個漢古堰無疑是陽嘉的舊堰，河溜趨勢無常，不能分流入口，必須用人工來逼壓，那就是築堰、修門的動機（《古今治河圖說》以為石門修治不輟，實種後此大河南犯之禍因，未免涉想太遠，在金代汴河已廢塞了）。比方說，王景和他的繼承者不注重分流，則汴不受河正是從心所欲，他們又何苦急急來幹這工作呢？一經反問，情勢自明。武氏認汴口緊要是對的，認全都歸入正河正好是相反的。

---

[227]　同前《科學》九〇六頁。按《清史稿·河渠志一》，光緒二十四年即一八九八年決口有東阿王家廟；又朱長安稱，光緒二十五年參加歷城北岸王家梨行凌汛決口（《治河論叢》一九九頁）。兩個名稱都跟王家梁很相似，而又不盡相同，未詳孰是，待考。

（2）針對沙泥的淤塞而量作分移

　　黃河的帶沙量有多麼驚人，這裡不需要再說了，唯其非常宏偉，如果只憑一條水道來安置，無論空間時間，自然比兩條為易於壅塞。束水雖未嘗不可多少攻沙，然其效果是有限的，且須隨時損益，非古代的技術所能掌握的。有此兩因，所以分流方法在古代治河總是占居首位。不過王景的成績，分流之外，還有其不可磨滅者在，我們要弄個明白，先須解決何謂「洄注」。

　　李氏說：「十里立一水門，使介河、汴之間，則不可通。蓋汴低於河，無洄注於河之理。」[228] 這個問題須劃分兩方面來說。當今二千年前，黃河多半度其自流的生活，很少受人工壓迫，那時是否「汴低於河」，我們不敢作出決定，這是一方面。另一方面則汴到了陽武之西，便派分為南北兩濟，黃河正流又自礫溪口起東北走向今之獲嘉、新鄉，河、汴相近的地方只在數十里間，越往東即相去越遠，哪能令其洄注？再細繹《王景傳》文義，十里水門顯承上文滎陽東至千乘籠統立言，洄注不指河、汴之間，此其一。

　　王景注重分流，前文經已肯定，自應設法使汴流無礙。如

---

[228]　同上注一〇四。劉寰偉曾說，引河方法有「引河與原河之中沿堤酌設水閘。此種水閘，只於河流之高度增長時發生作用」（《科學》五卷八期八三〇頁《水利芻言》）。

果洄注在河、汴之間，結果必至汴流受其阻擋，水勢轉緩（見前引李說），由是而節節淤澱，汴渠上游恐不久就會湮塞，分流作用全被取消。這與詔書之「河、汴分流」，恰相對立，景既善於治水，未必見不及此，洄注不指河、汴之間，此其二。

唯魏氏謂洄注於內堤之外，遙堤之內（詔書曾稱「築堤理渠」），可說是得其要領。劉氏再聲明放淤，作餭及河漲潮分，河消水合各作用，說更透闢，李氏則只闡明致用之原理，未能抉出致用之所在，故得半失半也。

繼諸家之後，我試再作一個綜合推論，即是說，十里水門實兼具減水、滯洪、水餭、放淤四種作用：內堤和遙堤間遇河漲時可以容納一部分水量，其用在減水。這一部分的水流出堤後，水勢轉緩（見前引李說），越降則緩勢越大，大至與正流同時爭出，作用無異等於滯洪。上口之水可以從下口洩出，那不是水餭是什麼。堤後水流既緩，所攜泥沙必一部沉澱，不是放淤是什麼。不過這樣的放淤，跟靳輔（參下文第十四節下五項）和近人所提倡的目標不盡相同，輔等之目標在填高窪地，鞏固堤防底部或變造良田，王景之目標在引去一部泥淤，使正流的河床不至急遽增高。

綜括起來，王景治河得手，就在他能夠了解自然的真理，順黃河的規律性，把兩大支分流保留起來，又針對河之易淤，

把多量泥沙轉移到別處，而仍兼起減水、滯洪的作用。河水剛剛脫離豫西兩岸束縛，正像萬馬奔騰，卻被分水迎頭殺其怒勢，中、下游便減去了幾分危險；[229] 一擊之不已，更應用兵家再衰三竭的道理，節節水門洄注，使河水終於俯首，所謂一舉而數善備者。自金代失去分汴的作用，不久即完全淤塞，黃河帶下的泥土，要正流單獨擔負，遂釀成南徙大變。我們仔細比對前後史實，便恍然於汴河的存在，大有助於黃河之安瀾，那非光從文字表面可以見得到的。只是明、清治河的人員大率只顧下游，不顧上游，那何怪讓王景專美於前呢。再從交通而論，試看晉及六朝怎樣利用河、淮二系作軍事交通，隋、唐、宋怎樣利用汴水來運輸物產，如果非憑著河水經常分流，哪能維持不弊？然則分流之利，不單止消弭河患，而且收到很重要的副作用了。後人極力否定分河，甚至拿這樣眼光來批評古人治河，簡直是超歷史性的論調。

《圖書整合・山川典》二三〇引《河南通志》：「後漢乾祐三年，盧振請沿汴水訪河故道陂澤處，置立鬥門，水漲溢時以分其勢。」《宋史》九一稱，太平興國八年，視河官某請於滑、澶二州立分水之制，「宜於南、北岸各開其一，北入王莽河以通於海，南入靈河以通於淮，節減暴流，一如汴口之法」（參下

---

[229]　即張曜所說「減水必居上游，乃能得勢」（《光緒東華錄》七五，光緒十二年三月）。

文第十節)。《宋史》九三稱,仁宗天聖「六年,句當汴口康德輿言,行視陽武橋、萬勝鎮宜存鬥門,其梁固鬥門三宜廢去,祥符界北岸請為別竇,分減溢流」。神宗熙寧四年,應舜臣獻議,「水大,則洩以鬥門;水小,則為輔渠於下流以益之」。又元豐六年,都提舉司言,「今近京唯孔固鬥門可以洩水,下入黃河」。那些汴渠的鬥門,恐怕就是效法王景水門的遺制,使得汴跟黃河的水量增減,能夠隨時互相調整。鄭肇經卻以為西漢張戎「論河性頗中肯要,王景治河成功之先聲」[230]。殊不知戎主張束水,景得力在河汴分流,幾於對處極端,竟看作蕭規曹隨,未免隔靴搔癢了。

本節可簡括為結論如後:

鄴東故大河大約在元前三五〇年以前,流已中斷,漢初的黃河,專就北邊來說,就只剩漯川一路出海。文帝時河決通泗。武帝元光三年(元前一三二年)又決於瓠子(今濮陽),東南注鉅野,通於淮、泗;同年的春天,從頓丘(今清豐)向東北沖開一條王莽河,《水經注》稱作北瀆,東北至章武入海。經過了二十多年至元封二年(元前一〇九年),才把瓠子決口塞掉。那時,河在北方,兼有王莽河、漯川兩個出海的河口。不上幾年,又由館陶沖成一條支河,叫做屯氏河。元帝永光五年

---

[230] 《水利史》一〇頁。

（元前三九年），由更東的靈縣（今高唐）沖成一條鳴犢河，屯氏河遂絕。王莽始建國三年（一一年）王莽河也斷了，河在北方變成專從漯川入海。

西漢的河患，有點跟後來北宋相似。宋由商胡沖成北流，漢由頓丘沖成北瀆，兩地相隔很近（不出數十里之內）。宋轉為「東流」，猶之漢世決為屯氏、鳴犢二河及專從漯川出海。不過致患的原因，恐怕有點不同。漢世由於「侵毀濟渠」和「汴渠決敗」，宋則多半由於下流淤塞（參看下文第十節）。

賈讓的上、中、下三策，是上古治河最詳細的方案，它以「不與水爭地」為原則，後世批評它的，都以為太不切實際了，哪能夠推行？其實，大多數治河方法，仍是從這一個原則推演出來，只要靈活地運用，不要呆板地執行。不與水爭地，即在科學昌明的今日，依然是不變的真理。東漢王景治河所以成功，即在善於運用這一個原則，採取分流，又施行水門洞注，兼具減水、滯洪、放淤等功能。後來安、順、靈數世屢次在汴口加工，直至北宋，都能隨時注意，經過八百多年，黃河比較安靜，固然王景有其大功績，也是耗費了群眾無數血汗，作長期不斷的鬥爭，才能維持這麼長久。

兩漢治河築堤，已能利用鐵和石，那是關於治河技術所應該特別提出的事情。

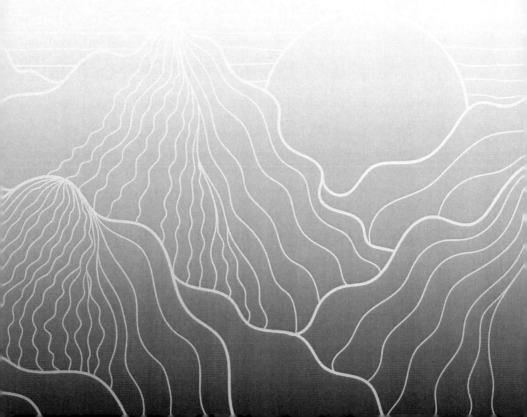

第九節
隋唐的黃河

▎一、三國至北魏之河事遺聞

甲、關於河患的

　　胡渭曾說「《晉書》亦不志河渠，無可考據」，又「魏、晉、南北朝河之利害，不可得聞」。[231] 現在我們把各史再來一次檢查，也可多得到一些關於黃河的資訊，下面就依時代先後，分作兩類，以供參考。[232] 自魏黃初（四年，二二三年）大水之後，河、濟泛溢，鄧艾嘗著《濟河論》，開石門而通之。至是（晉武帝時）復浸壞，只乃造沈萊堰。（《晉書》四七〈傅祗傳〉）

　　濟州理碻磝城，本秦東郡之茌平縣地，其城西臨黃河，晉末為河水所毀，移理河北博州界。（《元和郡縣誌》一〇，漢茌平在今茌平西二十里）

　　（河水）又東北逕碻磝城西。《述徵記》曰：碻磝，津名也。……其城臨水，西南崩於河。……魏立濟州，治此也。河水沖其西南隅，又崩於河，即故茌平縣也。（《水經注》五。據《元和志》一〇碻磝津在盧縣北一里；盧，今茌平西南）

---

[231] 《錐指》四〇下。
[232] 《晉書》二七〈五行志〉記大水的很多，但並未指明黃河，故不摘錄；又有兩條是跟伊、洛並舉的（其中一條，原見《三國志》三，太和四年）。

從東漢末到北周末年（五八〇年）止，傳下來的歷史，都不曾留給我們多些關於河患的資訊，那是一件最缺陷的事。我們當然要問，在這一段長至四百多年的時間，是不是黃河的逕流沒有發生過大變遷呢？

　　我們知道在許多場合上，都不能使用默證的方法。然而黃河潰決，往往損失很多很多的生命和財產，如果黃河發生過大變化，人類應該會想辦法牢記在心，而會有一點資訊流傳下來。現在既然在一般歷史找不著，我們再取搜採很博的《水經注》和分載黃河所經的《元和郡縣誌》（詳下文）來互相對照，那就可以應用默證的方法，推測這五個世紀當中，沒有黃河改道那類的大變局面了。[233]

乙、關於交通的

　　李協說：「夫所謂治導者，不僅袪其患害已也，且亦欲因其利。而所謂黃河下游者，農無益於灌溉，工無濟乎礎碾，商無惠乎舟楫。千古勞勞，唯思防其氾濫而猶且不能。噫，治河

---

[233] 杜預《釋例》說：「河自河東、河內之南界，東北經汲郡、頓丘、陽平、平原、樂陵之東南入海。」《正義》以為杜氏指西晉初的黃河流道。按汲郡、頓丘、平原三地，均見下文所引《元和郡縣誌》。陽平即唐代及現時的莘縣，《元和志》一六未說縣有黃河，但地在陽穀的西北，聊城的西南，也許是河道所經。又晉、唐的樂陵，在今樂陵縣西南三十里，《元和志》一八也未說縣界有黃河，唯《水經注》稱河經樂陵縣南，與《釋例》合，則北魏以後，這裡或有小小改道，亦未可定。

如是，亦足悲矣。」[234] 這一段話也不盡合乎事實。古來並不是沒有利用黃河來交通運輸，不過利用的多是它的分流，它的正流的一段則自漢至清也曾利用過。

自東漢末割據分爭，適用河和淮的交通以供轉輸的，有下舉較著要的事件：

東漢建安七年（二○二年），曹操至浚儀，治睢陽渠。（《三國志》一。大開汴河，治睢渠，入汴通江淮以致陳、蔡、汝、潁之粟[235]）

二十四年（二一九年），引洛水入汴，達江淮為漕，名曰陽渠。[236]

魏正始三年（二四二年），司馬懿奏穿廣漕渠，引河入汴。（《晉書·宣帝紀》）

正始四年（二四三年），鄧艾著《濟河論》，請開河渠以積軍糧，通漕運，於是修廣淮陽，百尺二渠，上引河流，下通淮、潁。（《晉書》二六〈食貨志〉即前一條的執行）

晉泰康元年（二八○年），杜預與王濬書，自江入淮，逾於泗、汴，沂河而上，振旅還都，亦曠世一事也。（《晉書》一二

---

[234]　前引《科學》九一一頁。

[235]　《水利史》一九四頁，但它下文所說，「汴、濉合流入淮，不與黃通流，順軌東入於海」，措詞頗有毛病。汴的下流當時雖不與黃河再合，唯是它的上流卻是從黃河分出來的。

[236]　《水利史》一九四頁。

〈王浚傳〉）

　　永和十二年（三六五年），桓溫北征姚襄，以譙、梁水道既通，請徐、豫兵乘淮、泗入河。溫自江陵北伐，行經金城，[237] 於是過淮、泗，踐北境。（《晉書》九八〈桓溫傳〉）

　　太和四年（三六九年），桓溫北伐慕容暐，命豫州刺史袁真開汴口石門以通運，不果而還。（同上，又《水經注》七及二四）

　　太元八年（三八三年），符堅攻晉，水陸齊進，運漕萬艘，自河入石門，達於汝、潁。（《晉書》一一四《符堅載記》）

　　義熙十三年（四一七年），劉裕伐秦，命寧朔將軍劉遵考開石門通漕，山崩壅塞，又於北十里更鑿故渠通之。（《水經注》七）

　　是年，裕既平秦，自洛入河，開汴渠以歸。（《宋書》二）

　　義熙中，裕遣周超之自彭城緣汳故溝，斬樹穿道，七百餘里，以開水路。（《水經注》二三）

　　太和十九年（四九五年），高祖幸徐州，將泛泗入河，泝流還洛，軍次碻磝。（《魏書》七九〈成淹傳〉）

---

[237] 《淮系年表》三稱金城「疑為壽春」，是錯的。《溫傳》稱：「行經金城，見少為琅邪時所種柳，皆已十圍。」溫曾做過琅邪太守，但北方的琅邪，永嘉後已淪陷，成帝於丹陽江乘縣別立南琅邪郡（《元和志》一一），江乘今為句容，這裡的金城應與相近，斷非遠在壽春。繼檢《廣弘明集》三二稱，煬帝於揚州金城設千僧會受戒，知金城實在揚州。

宣武帝時（五○○－五一五年），修汴、蔡二渠以通邊運，公私賴之。（《魏書・崔亮傳》）

　　在這三百餘年當中，幾全是南北分割時代，河、淮的互相作用，還沒被充分利用，而且帶有間歇性。由隋至唐，汴水才長久地發揮其聯繫南北的偉大能力。

▌二、隋代的間接治河

甲、通濟渠

　　隋朝雖沒有專工治過黃河，但當日民眾所做過的勞動工作，從王景的先例來看，卻與黃河的治安很有關係。首先應看到隋文帝，他有心要兼併江南，統一中國，登位六年後（五八七年），就在揚州地方，依照春秋時吳國的邗溝舊跡，開鑿了一條山陽瀆。[238] 又《通典》一七七「河南府河陰縣」引《坤元錄》：「其汴口堰在縣西二十里，又名梁公堰，隋文帝開皇七年，使梁睿增築漢古堰遏河入汴也。」[239] 輪到他的兒子煬帝，《通典》同一條再引《坤元錄》說：「汴渠亦名莨蕩渠，今

---

[238] 《隋書》一。《通鑑》一七六胡注：「按春秋，吳城邗溝通江淮，山陽瀆通於廣陵，尚矣，隋特開而深廣之，將以伐陳也。」

[239] 《隋書》三七及《北史》五九〈梁睿傳〉都未載，唯《元和志》五「河陰縣」文全同。

名通濟渠，首受黃河。……自宋武北征之後，復皆堙塞。隋煬帝大業元年，更令開導，名通濟渠。」《通鑑》一八〇稱，大業元年（六〇五年）三月，「發河南、淮北諸郡民前後百餘萬，開通濟渠。[240]……復自板渚[241]引河，歷滎澤入汴，又自大梁[242]之東，引汴水入泗，達於淮」。除山陽瀆之外，都是隋文帝父子整理黃河南邊的分流（即汴渠）。然而汴之通淮，非創始於煬帝，我在前文第七節已引過蘇軾《書傳》的話。《禹貢山川地理圖》下也說：「隋汴受河在板城渚口，而板渚之在《水經》，古來自有分水故道，亦非煬帝之所創為也。隋史記文帝嘗令梁睿增築漢石堰，遏河入汴，既增築漢之石堰，則增築者文帝，而故堰亦自漢跡也。」又《通鑑》一八〇胡注：「引河入汴，汴入泗，蓋皆故道。」但《隋書》三〈本紀〉和二四〈食貨志〉敘述都不夠清楚，好像這件工程是煬帝的創作，極易使人誤會。試看《隋書》三所記工程的執行，是在三月二十一日辛亥，到八月

---

[240] 《通典》一七七「汴州。」：「有通濟渠，隋煬帝開，引黃河水以通江、淮漕運，兼引汴水，即浪蕩渠也；浪蕩與蒗蕩同」。

[241] 《禹貢山川地理圖》下：「又李吉甫言板渚在汜水東北三十五里，而汴口乃去汜水五十里，則汴口猶在板渚之下也。其後敘載河陰縣汴渠又曰，隋自板渚引河以入汴口；詳求其言，當是板渚雖已受河，而渚有垠岸，未用堤遏，至河陰汴口，乃為平地，必築岸立門，乃得束水入渠，不至散漫於東流。去板渚二（按「二」字衍）十五里乃始得為汴口也。」《水道編》說：「若隋煬引板渚口水入汴，則在汜水縣東北二十里，漢成皋縣地，其非古滎陽引河處亦明矣（滎陽引河，《錐指》謂周襄（衰？）時諸侯所引）。」里數既誤談差十五，又未參閱程氏的解釋。

[242] 《通鑑》胡注：「大梁，即浚儀也。」

十五日壬寅，煬帝便可乘龍舟幸江都，首尾僅相隔一百七十一日，如果是新浚而不是擴大，完工總沒有這樣快的。

再者，《隋書》三稱，「自板渚引河通於淮」，同書二四稱，「又自板渚引河達於淮海，謂之御河」[243]，都沒有提及泗水，和前頭所引的《通鑑》不同。日人青山定男寫的《唐宋汴河考》，[244] 反對《通鑑》的紀載，以為不合。考《元和志》五「河陰縣汴渠」下早已說：「又從大梁之東，引汴水入於泗，達於淮。」《通鑑》這一節不過根據唐人的遺著。[245] 更如代宗初期，劉晏給元載的信說：「浮於淮、泗，達於汴，入於河，西循底柱、硤石、少華，楚帆、越客，直抵建章、長樂，此安社稷之奇策也。」《舊唐書》一二四〈李正己傳〉：「又於徐州增兵以扼江、淮，於是運輸為之改道。」《通鑑》二二七建中二年記正己的兒子李納之叛，稱「官軍乘勝逐北，至徐州城下，魏博、淄青軍解圍走，江、淮漕運始通」，似乎汴渠（或通濟渠）在隋唐時代，仍是經過徐州的。可是李翱的《來南錄》有下一段清楚的行記：[246]

---

[243] 永濟渠也稱御河（見下文），大約因曾經御用，所以民間有同樣的稱呼。

[244] 見《東洋學報》二期，現在我手頭上沒有這本書，他的論證不復記憶，只就個人所見來推論，恐有掠美的嫌疑，所以特為提明。

[245] 張昆河以為「司馬氏因汴有二流，一抵泗州，一抵泗水，而誤以為通濟入泗」（《禹貢》七卷一、二、三合期二〇九頁）。唐人的錯誤，也許根於這個原因。

[246] 據南海馮焌光的刻本《李文公集》一八。

庚子，出洛，下河，止汴梁（應作渠）口，遂泛汴流，通河於淮。辛丑，及河陰。乙巳，次汴州。……二月，丁未朔，宿陳留。戊申，莊人自盧又來，宿雍丘。乙（應作己）酉，次宋州，疾漸瘳。壬子，至永城。甲寅，至埇口。丙辰，次泗州，[247] 見刺史，假舟轉淮上河如揚州。庚申，下汴渠入淮，風帆及盱眙，[248] 風逆，天黑色，波水激，順潮入新浦。壬戌，至楚州。[249]

他入汴渠後所經過的地方，河陰今滎澤縣，汴州今開封，陳留今同名，雍丘今杞縣，宋州治宋城，今商丘縣南，永城今同名。埇口顯然和埇橋同在一個地區。據《元和志》九「宿州」，「本徐州苻離縣也，元和四年，以其地南臨汴河，有埇橋，為舳艫之會，運漕所歷，防虞是資」，那麼，埇口就在現時的宿縣，[250] 泗州今盱眙。此外如《元和志》七「雍丘」，「城北臨汴河」，《寰宇記》二「襄邑」，「古汴渠在縣北四十五里西從雍丘入考城界」，又同書一二「宋城」，「汴河在縣北四十五里，自寧陵縣界流入，東出虞城界」（襄邑今睢縣西，考城在舊

---

[247] 《元和志》九泗州，「南臨準水，西枕汴河」。

[248] 唐的盱眙在今盱眙東北。

[249] 《元和志》九「泗州」，「東水路至楚州二百二十里」。楚州今淮安。

[250] 《水利史》稱埇口「舊在宿遷城外」（二〇四頁），那可弄錯了。宿遷在唐代泗州的北邊二百一十里，見《元和志》九，而據下文引《錐指》四三，唐時汴河只經宿州，並不經現在的宿遷。

考城縣東南，寧陵在舊寧陵縣南，虞城今同名），則隋前和隋後的汴河，在宋丘以西，大致尚無甚差異，可補《來南錄》記載的不足。唯《寰宇記》「臨淮縣」下稱（臨淮就是現在盱眙，張崑河認為「即今泗縣地」，是錯的）：

吳城……在舊徐城（今盱眙西五十里）北三十里，東臨廢通濟渠。

南重岡城……在舊徐城縣西北九十里，通濟渠南一里。

永泰湖在縣北五十里，大業三年開通濟渠，塞斷瀝水，自爾成湖。

是唐代汴渠的下游已和《水經注》二三所記汳水的下游不同。據《水經注》，汳水是經睢陽縣故城（今商丘南）北，東至蒙縣（商丘東北）為獲水（亦稱菑獲），又東經巳氏縣（曹縣東南）南，下邑縣（碭山縣東）北，碭縣（碭山縣東）北，杼秋縣（碭山縣東）南及蕭縣（蕭縣西北）之南，再東至彭城縣（銅山縣）北而會入泗水。胡渭質疑過這一點，他說：

按古汴水東流，經彭城縣北而東入於泗，唐貞元中，韓愈佐徐州幕，有詩云，汴（應作泗）水交流郡城角；是其時汴水猶於州城東北隅合泗入淮也。不知何年改流，從夏邑、永城、宿州、靈壁、虹縣[251]至泗州兩城間而入於淮，宋時東南之漕，

---

[251] 據《元和志》九。虹音貢，《漢書》作虹字，縣臨汴河，在故虹城之北一百里，

率由此以達京師。[252]

又光緒二十九年修《永城縣誌》二「古汴河」條：

隋以前自歸德府界，東北流達虞城、夏邑，南入永城通睢水。隋以後則由歸德府境，東南直達夏邑、永城而入會河，即隨堤溝，東南流經靈璧、虹縣，南至泗州兩城間而合於淮。

唐人對汴渠未聞有過什麼更改渠道的舉動，從這一點來推測，汴渠之改經夏邑各縣，認為煬帝時代的新設計，是相對可信的。尤其是《太平寰宇記》曾說：「隋大業元年，以汴水迂曲，回復稍難，自大梁城西南鑿渠，引汴水入，號通濟渠。」[253] 如果順著汴水的舊道，東向彭城，是走著句股式的直角，正是《寰宇記》所說的迂曲。但東南拐向永城，則取斜弦的路，煬帝總希望越快到揚州越好，所以進一步認定汴運改道為始自煬帝，似乎毫無疑問。

唯是《左傳》次睢之社，杜預注：「睢受汴，東經陳留、梁、譙、彭城[254] 入泗。」梁今商丘縣南，譙今亳縣，汴水並不經譙，所以《永城縣誌》認為隋以前汴河走永城入睢水，跟杜預注和《水經注》完全不符。《元和志》七「宋州宋城縣」（今商

　　　即今泗縣。
[252]　《錐指》四三。
[253]　據楊守敬《隋書地理志考證》三轉引。
[254]　睢不是經彭城入泗，杜預這一條注也有錯誤。

丘南），「漢梁孝王廣睢陽城七十里，開汴河，後汴水經州城南」。《水經注》二三汳水經雍丘，「又東有故渠出焉，南通睢水⋯⋯今無水」，又經成安，[255]「又東，龍門故瀆出焉，瀆舊通睢水」。隋以前汴和睢雖有交流的故跡，然汴在北，至彭城入泗，睢在南，至下相入泗（《水經注》二四。下相，今宿遷西），各自分途。隋前汴走永城入睢的考證，是毫無根據，不可信的。

　　《縣誌》又說，隋以後走永城入會河，即隨堤溝，倒有些道理。會河又寫作澮河，[256]即古時的渙水，流域更在睢水之南，《水經注》沒有列作專條。唯二二〈渠水〉條稱：「又東南流逕開封縣，睢、渙二水出焉。」又三〇〈淮水〉條稱，「渙水首受蒗蕩渠於開封縣，東南流逕陳留北，又東南流逕雍丘南，又東逕襄邑南，又東南逕已吾南，又東南逕鄢城北，又東逕谷熟南，又東逕建平南，又東逕酇縣南，又東逕銍縣南，又東南逕蘄縣南，又東逕谷陽，又東逕虹城南，至夏丘而入於淮。」所列各縣相當的今地，除前文已見之外，襄邑今睢西一里，已吾今寧陵西南四十里，鄢今柘城北二十九里，谷熟今商丘東南四十

---

[255]　《地理今釋》稱成安為考城縣地。按乾隆四十八年黃河未改道以前，當在考城縣界內，但自這一年以後，考城縣已移向北方了，《地理今釋》的考證是應須修正的。

[256]　周洽《看河紀程》（康熙二十三年）稱，澮河在商丘縣南三十里，自亳州經流入蒙城達於淮（《金鑑》一六一）。試檢地圖一對，他所說的是渦河，不是澮河。

里，建平、酇均今永城西南，銍今宿縣西南四十六里，[257] 蘄今宿縣南三十六里，谷陽今靈壁西南，虹今五河西，夏丘今泗縣地。試與《來南錄》及胡渭的話比照一下，似六朝時渙水經行的地方，大致跟「唐宋的汴水」相類，《永城志》末段記著「隨堤溝」的名號，可能是相傳下來的。只是《元和志》七、九兩卷所記的渙水流經：

襄邑縣　見下寧陵。

柘城縣（今柘城縣北）　渙水在縣北二十九里。

寧陵縣（今寧陵縣南）　渙水西自襄邑界流入。

宋城縣（即宋州）　渙水西南自寧陵縣界流入。

谷熟縣　渙水在縣南二十八里。

臨渙縣（今宿縣西南九十里）　以臨渙水為名。

蘄縣　渙水西自臨渙縣界流入。

又《通鑑》二五一稱，「龐勛（自宋）度汴，南掠亳州……引兵循渙水而東」，同上《通鑑》胡注引《南北對境圖》，「渙水出亳州，南流入淮，正直五河口」，都表示著渙和汴分途而行。

通濟渠下游既不經渙水，同時那方面本來已水道交織，用不著——也是隋煬帝的要求所不許——浪費人力來開鑿過長

---

[257]　此據《地理今釋》。按《元和志》七，臨渙即漢的銍縣，《今釋》又稱臨渙在宿縣西南九十里，以今圖臨渙集距宿縣觀之，似九十之數為合，待考。

的新道，然則它究竟走哪一條水以入淮呢？考《寰宇記》一七曾說：「《水經》云，蘄水受睢水，本經臨渙縣，大業元年疏通濟渠，東流至蘄縣界。」又武同舉《水道編》稱：「按《水經注》所敘蘄水之道，在今睢河南、沱河北，隋開通濟渠，自商丘分汴河水，絕睢水而東南流，經今夏邑、永城、宿縣、[258] 靈壁、泗縣而東南通淮，一名汴河，彷彿蘄水故道，此道久湮。……蘄水入淮之口似在盱眙對岸，汴河入淮之口亦在盱眙對岸。……此為東汴河故道。」據《水經注》三○，蘄水首受睢水於谷熟東北，東逕建城（今永城東南）北，東南逕蘄縣，又東逕夏丘北，又東逕潼縣（今泗縣東北）南，又東入徐縣（今盱眙西北八十里），又東逕大徐縣南，注於淮；再合前頭《寰宇記》的話來看，通濟渠末段行蘄水，武氏所考最少有一部分可信了（西山榮久也疑唐汴河為與澮河並行之一河[259]）。

　　在結束辯論之前，我還須提出應注意的兩點：第一，渙、蘄、浍（今沱河）三水本來互相交流，浍在蘄縣由蘄水分出，到了虹城又注入渙水，通濟渠的流程很難保無一段侵入澮河，《永城志》的話，我們不能完全否定。第二，黃河南徙以後，大搗亂子，現在所見的淮系水道，或絕非故跡，或名存實亡，正如《水道編》所說：「汴河……今唯宿、靈、泗三縣間尚有隋堤

---

[258]　參看第十三節上注 54。

[259]　《禹貢》七卷一○期〈中國大運河沿革考〉。

故跡，泗縣東境之汴河亦僅存碩果。」我們如果只憑今行水道以定隋、唐歷程，就會十分危險。

由此，我們確知通濟渠的下游是與古汴水分流，設計的人員為減少迂迴起見，在宋城附近將汴水通過睢水而接入蘄水，同時，結合煬帝的好大喜功，特改通濟的新名。不過首受河的地方原是「汴口」，下游雖已變質，而汴名久著，土俗因相沿稱作汴渠，如程大昌所說，「據其上游，可以該蒞其下」了（引見前文第八節）。

話說回來，青山定男認為通濟渠不是引汴入泗，理由相當充足。然而依李翱的行記，過盱眙後還要東北繞至楚州，又據《水經注》三，淮水至淮陰（今同名）西而合泗，淮、泗相通，也未嘗不可說引汴「入於淮，達於泗」。唯《元和志》跟《通鑑》的「入泗、達淮」，確是後先倒亂。

從此，我們再參照《元和志》九所說：「自隋氏鑿汴以來，彭城南控埇橋，以扼汴路，故其鎮尤重。」便了解到李正己、李納之據徐州，是足以威脅汴運而不是汴運須經過徐州城下。同時，韓愈詩「汴泗交流郡城角」那一句，也沒有錯誤，因為流至徐州而會泗的依然是原日的汴水。胡渭在前頭那一段引文的後而跟著說：

元泰定初河行故汴渠，仍於徐州合泗水，至清口入淮，而泗州之汴口遂廢。[260]

可見隋人開鑿了東南的枝渠之後，原日汴渠的下游仍然流通，只是隋、唐、宋三代的主要漕運，沒有經過這一段路罷了。

乙、永濟渠（附記明代沁和衛的關係）

除汴渠之外，大業四年（六○八年）正月，「詔發河北諸郡男女百餘萬開永濟渠，引沁水，南達於河，北通涿郡」。[261]

《初學記》六：「隋煬帝於衛縣（衛縣在今浚縣西南）因淇水之入河（淇水亦曰清水），立淇門以通河，東北行，得禹九河之故道，隋人謂之御河。」

《元和志》一六「永濟縣」下：「永濟渠在縣西郭內，闊一百七十尺，深二丈四尺，南自汲郡引清、淇二水東北入白溝，穿此縣入臨清。按漢武帝時河決館陶，分為屯氏河，東北經貝州、冀州而入渤海，此渠蓋屯氏古瀆，隋氏修之，因名永濟。」（永濟縣在今臨清縣南。屯氏河所經見下文）

又《寰宇記》五八「清河縣」下：「南自汲縣引清、淇（原誤

為「漳」，今校正）二水入界，近孤女塚，元（刊本訛「之」）號孤女渠，隋煬帝征遼，改為永濟。」

上引那幾個條文，關於開渠進行的內容，都嫌描寫得不太清楚。據《水經注》九，沁水本來是流入黃河的一支，何需乎引？又清、淇二水和沁水並不同源，為什麼會產生關聯？

我初時注重在儲存文面，以為只把《隋書》的「沁」、「河」兩字勾乙，即是將河水分流入沁，[262] 便可解決此問題。後得趙世暹君來函，指出引河入沁是件極不容易的事，我就放棄了這一個見解（按《明史》八七稱，正統「十三年，黃河決滎澤，背沁而去，乃從武陟東寶家灣開渠三十里，引河入沁以達淮」，則引河入沁尚非絕對不可能，但隋代想不如是耳）。

隋史這處很費解，並不單是我個人所見，張昆河曾說：「史稱引沁入河者，蓋浚治今沁河入黃河之道也。」[263] 但如前所指出，沁和清、淇並不相通，張氏說就只顧到一方面而沒有顧到全面。

趙君又提議：「引沁水」應屬上文「開永濟渠」為一句，「南達於河」二句係指全渠的通道，對是對了，但未說明其所以然。

---

[262] 拙著《隋唐史講義》二五頁。

[263] 《禹貢》七卷一、二、三合期〈隋運河考〉。

第九節　隋唐的黃河

　　要解決前項問題，就先須了解沁和黃的關係。《元史》六五：「廣濟渠在懷孟路，引沁水以達於河，世祖中統二年，提舉王允中、大使楊端仁奉詔開河渠……經濟源、河內、河陽、溫、武陟五縣……名曰廣濟。」這段史事的大意，就是說，把沁水下游引成許多分渠，灌溉五縣的田畝，剩水仍注入黃河，並不是說沁水向來不入黃河，到元代才相聯接。其次，明劉堯誨《治河議》稱：「是元以前黃河東南流而不受沁水也。」[264] 鮑斐英《治河說》稱：「沁水，古入衛者也，隋大業七年始引入黃。……河之南徙也，沁仍入衛矣。天順間沁再入河，無制之者也。」[265] 又乾隆三年晏斯盛疏稱：「上流沁水本歸衛河，明天順間黃趨陳、潁而徐、邳淺阻，乃開沁達徐，其後沁全入黃，故洪流益盛。」[266]

　　這三段文字，乍然看去，很容易令人誤信為沁水流入黃河是元、明或明天順以後的事。查沁水入黃，《水經注》五及九說得很明白，依山脈的分布，沁斷無不入黃的道理。何況沁之東邊還有淇水，淇水本來也是南流入黃的（見下文），沁在淇水的更西，哪能不入黃呢？不過明洪武時（不是天順）黃河自滎澤向南，逕走陳、潁，不與沁合，明人於是開鑿渠道，引沁水仍

---

[264]　《圖書整合・山川典》二二七。堯誨，嘉靖時人。

[265]　《金鑑》一六〇。裴英是康熙、雍正間人。

[266]　《經世文編》九九。

然走入黃河的故道，[267] 這是當日的事實。

　　其次，要知道沁和衛的關係。考淇水當西漢時本東流至黎陽縣（今浚縣東北）界南入河。[268] 到東漢建安九年，曹操在遮害亭西十八里的淇水口，用大枋木堵住，築成堤堰（後來因稱這塊地方為枋頭），把淇水遏向東北，流入白溝（即洹水的下游）以通漕運，[269] 淇水才不跟黃河相通。元世祖中統三年，郭守敬面陳水利六事：「其五，懷孟沁河雖澆灌，猶有漏堰餘水，東與丹河餘水相合，引東流至武陟縣北，合入御河，可灌田二千餘頃。」（《元史》一六四）順帝至元三年，「六月，衛輝淫雨，至七月，丹、沁二河泛漲，與城西御河通流」（同上五一）。又《明一統志》：「沁河故道自懷慶府武陟縣入獲嘉縣境，下接新鄉縣，又東北接汲縣界，北抵清河。」（據《方輿紀要》引）似乎丹、沁和衛河本來有溝通的舊跡，[270] 所以守敬有這個提議，而遇到水漲時候，丹、沁仍得向衛河分流。但據《水經注》九所記，丹水只流入沁水，並無支流分入清水（即衛河水源之一支），我因此頗相信大業四年的工作重心，就在溝通沁、衛。換句話說，這一回的工程，是將沁水引入衛水

---

[267] 《明史》八七誤作「今河仍入沁」。

[268] 《漢書·地理志》及《水經注》九。

[269] 《三國志》一及《水經注》九。

[270] 《金史》二七：「（貞祐）四年，從右丞侯摯言，開沁水以便饋運。」一〇八《侯摯傳》同。怎樣開法，沒有明白，大約也是接通御河。

第九節　隋唐的黃河

（不是引沁入河），結果，循著新開的渠道，便可走向現在的河北，必須這樣子解釋，才能表明當日計劃的大概。[271]《看河紀程》:「沁河故道俗名孟姜女河，自武陟縣流經胙境，北行與汲縣相接，在漢堤西，久塞」[272]，這條故道也許一部分是大業所開的遺跡。

明代沁、衛的關係，也應在這裡討論。考元時漕舟至封丘，由陸運到淇門入衛水，[273]則沁、衛間已不能通航。明初相傳沁水的支流自武陟紅荊口入衛河，洪武時沁盡入黃，而入衛的故道塞。宣德九年（一四三四年），沁水決馬曲灣，經獲嘉至新鄉入衛，黃、沁、衛三水相通，轉輸頗利，唯是官方一貫遵守著沁、黃相合的政策。

正統十三年（一四四八年）以後，沁水入衛的路漸淤。景泰四年（一四五三年），劉清請自滎澤入沁，浚岡頭百二十里以通衛，江良材也說通河於衛有三便，可是多數不主張那樣做。[274]（少了45~46[275][276]）嘉靖初，胡世寧奏，舊聞沁水至荊口分流一道，六十里通衛河，近年始塞，請令相度地勢，開掘

[271]《隋書》三，大業七年二月，「乙亥，上自江都御龍舟入通濟渠，遂幸於涿郡」。想必是出汴口而轉入沁水，可惜舊史於這一回的長途航行，別無詳細的記載。
[272]《金鑑》一六二。
[273]《明史》八七。
[274] 同上。
[275]《金鑑》二一引《續通考》。
[276]《金鑑》二三。

166

一河，北通衛輝，以防會通河一時之塞。六年（一五二七年），霍韜也有相類的建議。萬曆十五年（一五八七年），沁水又決武陟東岸之木樂店、蓮花池，[277] 新鄉、獲嘉都被淹沒[278]。楊一魁奏：「黃河從沁入衛，此故道也，自河徙而沁與俱南，衛水每涸，宜引沁入衛，不使助紂為虐。」常居敬往勘，以為衛小沁大，衛清，沁多沙，又衛輝府治卑於河，恐有沖激，事遂罷議。至泰昌元年（一六二〇年）王佐又奏：「衛河流塞，唯挽漳、引沁、闢丹三策。挽漳難而引沁多患，丹水則雖勢與沁同，而丹口既闢，自修武而下，皆成安流，建閘築堰，可垂永利。」朝廷雖然通過他的提議，卻沒有實行。[279] 潘季馴對於引沁入衛的提議，曾大加排斥，他說：「黃河可殺也，衛不可益，移此於彼不可也。衛、漳暴漲，元、魏二縣田地每被淹浸，民已不堪，況可益以沁乎？且衛水固濁，而沁水尤甚，以濁益濁，臨、德一帶，必至湮塞不可也。」[280]

　　以上的資料，一方面表示著明代二百餘年沁和衛或通或斷的情形，另一方面又見得沁和衛應否溝通，明人的意見很不

---

[277]　《小谷口薈蕞》稱，武陟「東北有蓮花池，在沁河東岸，地名木樂店，去衛河百里」（《金鑑》五六）。

[278]　《明史》八七，萬曆三十三年（一六〇五年）範守己言：「近者十年前河沙淤塞沁口，沁水不得入河，自木樂店東決岸，奔流入衛。」就指這一回事。

[279]　均《明史》八七。

[280]　據《治河論叢》一八八頁引。

一致（清《嘉慶東華錄》二九，嘉慶十五年初，松筠曾請引沁
入衛。唯《清史稿・河渠志》載同治十一年李鴻章覆奏稱，如
分沁入衛，怕沁水猛濁，一發難收，又《光緒東華錄》三五載
光緒六年六月周恆祺奏，衛水上流僅能行百餘石小船，入館陶
與二漳合流，水勢始大。都是反對連線沁、衛的）。至於清代
沁、衛的關係，據《水道提綱》六，沁水流經河南懷慶府，受
大丹河，「大丹河出潞安府西南山……經懷慶府北境之方山東，
又東南出山，流分為二，其東流者曰小丹河，東北經修武、獲
嘉與衛河合者也。[281] 其南流曰大丹河，至懷慶府城之東北入沁
水」，沁水上源的一支，到近世還與衛河相通接。[282]

　　綜合隋唐前和隋唐後的史料來看，我們可斷言在曹操塞枋

---

[281]　同書三又說：「衛河……其源遠而水盛者有小丹河……即丹水分支也。由山西
　　　潞安府南山發源南流，東合陵川，西合高平諸小水，經澤州東南，入河南懷慶
　　　府北境之方山，南流入沁水者，此經流也，俗曰大丹河。」

[282]　我起初認為大業的工程，是將小丹河和衛河接合。後見《看河紀程》說：「預
　　　河即小丹河，由修武縣南門外東流至獲嘉，入衛河。」（《金鑑》一六一）「小
　　　丹河名為九道堰，實從丹河支分，第一條沿山麓東行，淺隘如溝，常因水發淤
　　　墊，以此濟運，甚覺艱難。」又稱小丹河合衛水處在新鄉縣城西的合河鎮（同
　　　前一六二），才覺得小丹河過狹，大業的故跡似以孟姜女河為近似（見上文）。
　　　康熙二十九年，王新命以丹河至丹口分為九渠，大丹河直歸沁水，剩餘六渠溉
　　　田，小丹河二渠通衛，特改定每歲三月初塞八渠，使水歸小丹河入衛濟漕，至
　　　五月盡則開八渠，塞小丹河口（《續金鑑》二）。只能說水可通流，未必是舟能
　　　通過。又光緒十六年十月廖壽豐奏：「丹河發源山西，至河內縣之丹谷口入境，
　　　分支為二，南流者為大丹河，東流者為小丹河，一線細流，由石門門歷金城
　　　村至薛村出境，迤邐入衛。大丹河水勢較旺，自九道堰以下，支汊港渠二十餘
　　　道，灌溉民田一千五百頃有奇。金鄉即金城村，在小丹河下游，與大丹河中隔
　　　二十餘里。」結論也不主張把丹河分入衛水（《光緒東華錄》一〇〇）近年亞光
　　　社《河南分省圖》把整個丹河接入衛河，那是錯的。

頭之先，沁水下游必非東北通入白溝，因為被清、淇二水阻隔，而這二水舊日都流入黃河的。如果不然，則沁水水源頗旺，曹操也用不著壓迫淇水，何況《水經注》沒有隻字提及沁、衛的關係。可是到元明時代，沁和衛卻表現著很密切的聯繫，許多人還說沁水古不入黃，顯然是六朝至元、明的中間，那邊水道曾發生過變動，恰巧可能與此有關的就只隋開永濟渠一事。所以我認定開永濟渠，主要在引沁入衛，是有其很穩固的根據的。

再從文義來勘驗，《隋書》二四〈食貨志〉，「引沁水南達於河，北通涿郡」，跟本紀的紀載差不多一樣。唯《大業雜記》稱：「三年六月，敕開永濟渠，引沁水入河，於沁水東北開渠，合渠水至於涿郡，二千餘里通龍舟。」（據《通鑑考異》引，兩「沁」字原皆訛「汾」，依張昆河說校正）由沁水東北開渠，那無疑為引沁入衛了。

得此兩種合證，再來看看本紀，才覺得它的「開永濟渠」一句，猶之說「東北開渠」，整個水系已被包括在裡面，但「引沁水」之下應該仿照《大業雜記》加上「合渠」或「入渠」字樣，意義方算完滿。奈它的文字過於簡略，遂令一般讀者們（著者初時亦其中一分子）都以「引沁水南達於河」為一句，作出種種解釋。至於《初學記》《元和志》和《寰宇記》只說引清、淇，

都脫漏了最重要的沁水。

再說到永濟渠經行的地方，《元和志》所謂「蓋屯氏古瀆」，只是從《初學記》「得禹九河之故道」而推論，不能代表永濟渠的實際情況。最可惜的，現存《元和志》恰恰失去十八、十九《河北道》兩卷，當日永濟渠的下游怎樣和別的水系相結合，我們很難完全推定。不過這個渠即御河，一直傳至宋、金，似乎沒有多大變動，所以集合起《元和志》的殘文和唐、宋、金的書誌，還可得到一個大致不錯的輪廓。我且把搜得的材料，由南而北，順次序列如下：

汲（今同名）宋王存《元豐九域志》二，有御河。

黎陽（今浚縣東北）同上，有永濟渠。

臨河（今濬陽縣西六十里）《太平寰宇記》五七：「永濟渠在縣西北三十三里，自黎陽入界，東北入魏州內黃界。」又《九域志》二，有永濟渠。

內黃（今同名）《元和志》一六：「永濟渠本名白渠，隋煬帝導為永濟渠，一名御河，北去縣二百步。」[283]

洹水（今大名縣西少南六十里）同上，「永濟渠西去縣二里」。又《寰宇記》五四：「白溝今名永濟渠。」

---

[283] 「北去縣二百步」即是說，在縣城的北邊二百步。《元和志》所用「去」字，都應該這樣子解釋，與「東南至」或「東南距」的意義剛剛相反。

魏（今大名縣西十里）《寰宇記》五四：「白溝南自相州洹水縣界流入，又北，阿難河出焉。」（同書五八，阿難枯渠在曲周縣南十四里）[284]

貴鄉（今大名縣東）《新唐書》三九：「開元二十八年，刺史盧暉徙永濟渠，自石灰窰引流至城西注魏橋，以通江淮之貨。」

館陶（今館陶縣西南）《元和志》一六：「白溝水本名白渠……西去縣十里。」

永濟（今臨清縣南）同上，「永濟渠在縣西郭內」。又《寰宇記》五四：「永濟渠在縣西南，自汲郡引清、淇二水東北入白溝，穿此縣入臨清。」

臨清（今臨清縣南）[285]《元和志》一六：「永濟渠在縣城西門外。」

清河（今同名）同上，「永濟渠東南去縣十里」。又《寰宇記》五八：「永濟渠……南自汲縣引清、漳（淇之訛）二水入界。」

清陽（今清河縣東）《寰宇記》五八：「在永濟渠之西。」

[284] 《通典》一八〇「魏州」，開元二十八年九月，刺史盧暉移通濟渠，自石灰窰引流至州城西，都注魏橋，夾州（川？）制樓百餘間，以貯江準之貨。又「魏縣」，「有白溝水，煬帝引通濟渠，赤（亦）名御河」。魏州治貴鄉，與魏縣同在今大名縣附近，兩個「通濟」都應改正作「永濟」（參下文《新唐書》貴鄉條）。

[285] 此據《地理今釋》。但據《元和志》一六，臨清「東北至州六十里」，州即貝州，治清河，而現時的清河縣卻在臨清的西北，方向有些不符，待考。

171

武城（今武城縣十里）同上，「在永濟渠之北」。又《九域志》二，有永濟渠，亦見《宋史》九五，御河條。

漳南（今恩縣西北六十里）《元和志》一六：「永濟渠在縣東五十里。」按《九域志》二，思州歷亭轄「安樂、楊村、禮固、漳南四鎮，有永濟渠」，漳南縣繫於宋至和元年省入歷亭。

歷亭（今恩縣西四十里）《寰宇記》五八：「在永濟渠之南。」

長河（今德縣）《元和志》一七：「永濟渠縣西十里。」按《寰宇記》六四，將陵縣有永濟渠　將陵亦即今德縣。

吳橋（今同名）《金史》二五，《地理志》，「有永濟渠」。按《九域志》二，宋代吳橋鎮屬將陵。

東光（今同名）《寰宇記》六八，永濟渠在縣西二百步（「西」或作「南」，《錐指》四　下以為誤字），又「浮水源自東光縣南界永濟渠分出」。

南皮（今同名）《九域志》二，有永濟河，《金史》二五同。

清池（今滄縣東南四十里）《寰宇記》六五，永濟渠在縣西三十里，自南皮縣來，入乾寧軍。《新唐書》三九，西北五十五里有永濟堤二，永徽二年築，南三十里有永濟北堤，開元十六年築。

範橋鎮（今青縣南三十里）《九域志》二，乾寧軍、鎮一，「苑橋，軍南三十里……有永濟渠」。馮集梧校稱，「錢本苑作

範」。按《太平廣記》一 、《金史》二五均作範橋。

乾寧（今青縣）《寰宇記》六八：「御河在城南一十步，每日潮水兩至，其河從滄州南界流入本軍界，東北一百九十里入潮河，合流向東七十里於濁流口入海。此水西通淤口、雄、霸等州水路。」按乾寧縣，熙寧六年省為鎮。《通鑑》胡注稱，乾寧軍「後為馮橋鎮，臨御河之岸」，馮橋疑前條的範橋，因音近而訛。

文安（今向名）《寰宇記》六七：「大業七年征遼，途經河口，當三河合流處。貞觀元年，於其地置文安。」

永清（今同名）見下條。

破虜軍（古淤口）《寰宇記》六八：「永濟河自霸州永清縣界來，經軍界，下入澱泊，連海水。」

試檢查一下近世衛河的水路，大致還是一樣（唯洹水、清河，漳南三條，帶有多少疑問，也許這裡或圖繪未確，否則水道略有改動）。再往上比勘《水經注》九，則淇水合清水後，行經內黃、魏（今大名西少南）、館陶、平恩（今邱縣西）、清淵（今臨清西南）、廣宗（今威縣東）、信鄉（今夏津西）、信成（今清河北）、清陽（今清河東）、東武城（今武城西）、復陽（今武城東北）、棗強（今棗強東南）、廣川（今棗強東）、歷（今故城北）、修（今景縣）、東光、南皮、浮陽（今滄縣東南）、章武

（今滄縣東北）等縣界內，又和永濟渠沒什麼差異。

　　由此，我覺得《元和志》所說隋修屯氏古瀆而成永濟，似乎未完全合於事實。屯氏河初沖決的詳情，我們雖不曉得，但據後來《水經注》五的敘述，它跟永濟渠取途顯然不同（可參看《錐指》的《屯氏諸決河圖》）。何況《水經注》九於清河過歷縣、故城後，才稱「清河又東北，左與張甲、屯、絳故瀆合」，而《元和志》一六，館陶縣西十里既有永濟渠（引見前），西二里又有屯氏河（「屯氏河俗名屯河，在縣西二里」），夏津縣北有屯氏河，但未提及永濟渠，是《元和志》本身也有點不相照應。還有一個強證，《新唐書》一七二稱杜中立出為義武節度使（轄易、定、滄三州），大中十二年（八五八年）「大水泛徐、兗、青、鄆，而滄地積卑，中立自按行，引御水入之毛河，東注海，州無水災」。御水就是御河，毛河就是屯河（隋代曾一度誤「屯」作「毛」[286]），是知御河跟屯氏河水路不同。總結一句，永濟渠的工程就是引沁水東北與衛河相貫通。

丙、兩渠的經濟作用

　　綜括兩渠的效用，通濟渠是繼續舊有的渠道，把河水引入汴渠，而且新闢了一段指向東南較直接的路，以加速洛陽、江都間的交通。往後李唐二百餘年，北宋一百餘年，把東南的財

---

[286]　參拙著《隋書州郡牧守編年表》一五九頁。

富物資，輸送往長安或開封，那是靠無數的人民血汗勞動換來的。

　　鄭肇經對於通濟渠的開發，曾有過如下的批判，他說：「其（汴）口無節，石門之制蕩然；河水易漏，漏則數為敗，豈唯汴渠不利，大河自身，水力旁分，亦蒙不利，得失固不相抵也。……武後長壽二年（六九三年），河決棣州（今山東惠民縣），蓋緣河水入石門，分流過盛，下流行緩而海口澀也。」[287]

　　他的批判，未免過於教條主義，可商量的有四點：（甲）通濟渠的工程，不過把迂曲的汴渠來引直，而汴渠的歷史最低限度可追溯到戰國以前，計至大業，已有一千年了，即使於黃河正流不利，也不應自隋代為始。（乙）所謂「石門之制蕩然」，完全出自臆測。隋文帝使梁睿修漢古堰，堰在汴口東（見下引《會要》），哪曉得他沒有顧到石門？再者，修漢古堰的動機，在遏河入汴，很像就是東漢陽嘉的石堰，因為石堰在汴口之東（見前文第八節），正合乎東河入汴的用途。（丙）宋代汴口的調節，是以水深六尺、通行過載為準，這項規定，雖不曉得是否傳自唐代，然而「其口無節」的批判，究竟屬於武斷。（丁）治水而逆河之性，河患發作，近或數年，遠亦不出數十年。武後時棣州河決，上隔大業初已九十年，鄭氏竟歸咎於通濟渠分流

---

[287] 《水利史》一二頁。

過盛，更追咎於上游千餘里的分流，正所謂欲加之罪。總之，鄭氏胸中先橫亙著潘季馴治河的原則 —— 即黃河必不可分的成見，所以遇著河患，便專向分河方面追尋它的原因，這樣呆板地應用治河原理，我是萬萬不敢贊同的。

永濟渠呢？它可算得一點創作，就是把沁水下游鑿開了一段，和更東的淇水、清水等相連著，使衛河的水源更為充沛。不過沁、衛的交通，往後唐代似乎沒有多大的利用。

山脈總支配著它的河流，中國除西南邊一個小小角落外，大部分水系的走向都是自西而東，因此，在同一個流域內的東西來往，比較容易，而在不同流域內的南北來往，頗感困難。近世京漢、粵漢、津浦幾條鐵路的修築，主要即在補救那種缺陷。然而當機械的交通工具尚未發明之時，困難是幾於無法克服的。煬帝仗著一班技巧的人物，尤其幾百萬男女群眾的勞動，既開了通濟、永濟兩渠，又穿江南河（《通鑑》一八一大業六年，「敕穿江南河，自京口至餘杭八百餘里，廣十餘丈，使可通龍舟」），由是人物轉運，可由南邊杭州起，泝江、轉淮、入汴、出河；南折而上洛水，則達洛陽，西行而上渭水，則達長安。或從汴口稍下行，入沁轉衛，則北通涿郡（今北京西南），把中、西、南、北幾個最大最盛的都會連接在一起，直開前此未有之局。元人挑會通河，航線雖較為直捷，但偏於東方，受其影響的區域，還不及通濟、永濟二渠之廣遍。大業的

開發，對於中世紀的經濟交流，生產促進，是具有非常宏偉的勢力的，這是兩渠的正面作用。

此外，兩渠之開，還產生意料之外的作用，即間接的治河作用。我在前文第八節已經揭出王景治河之成功，由於河、汴兼治。汴是河的分支，治汴就是治河的一部分。煬帝浚通濟、永濟兩渠，目的在自己的遊樂、自己的享受，但因是而河南地面，當黃河暴漲季節，得以向南、向北分洩了若干洪水，減少了下游一些危險，這是對於治河有利的第一點。黃河所以潰決的主要原因，不外兩項：一、暴漲而地不能容；二、勢急而去路不暢。黃河是著名挾沙最多的水系，由於種種障礙，隨時隨地留下泥沙，結果導致河道堵塞。據近世調查，泥沙的來源，不少是出自山、陝兩省；孟津以東，坡度陡緩，河面展寬，勢必沉澱。[288] 通濟和沁水在河南地面分流，總帶去泥沙不少，下游減一分淤澱，反過來說，即河水多一分暢通，無形中消滅了多少潰決的危險，這是對於治河有利的第二點。

把洪水量分途出海，如果可以容納的話，倒沒有什麼弊端；泥沙可不同了，不沉積在正流，就會沉積在分流，終不能免的。比較利害兩方面，我的想法是，沉積於分流會好過正流，這句話怎麼說呢？浚是賈魯治河三種方法之一，無如豫東地帶，河面寬

---

[288] 《治河論叢》九四頁。

第九節　隋唐的黃河

闊，周年流水不絕，很難施工。挑出的泥沙，如運往遠處，則古
代交通困難，幾於無法處理；如堆在近地，經雨水一沖刷，仍然
流入河身，則枉費挑工而不獲實益，歷代治河的人很少從浚入
手，就是因為如此。唯汴河、御河淺而窄，趁低水時期或更停止
黃沁的分洩，施工總比黃河易得多。挑出的泥沙，又可沿岸分填
於田畝上面，作為變相的灌淤以增加生產，這不是沉積在分流較
勝於正流嗎？後來唐代怎樣維持汴水通運，歷二百餘年，雖沒有
留下詳細的記載，但由下引幾條條文：

開元二年，河南尹李傑奏汴州（「口」誤）東有梁公堰，年
久堰破，江淮漕運不通，傑奏發汴、鄭丁夫以浚之，省功速
就，公私深以為利。（《唐會要》八七）

十二年正月，初，洛陽人劉宗器上言，請塞汜水舊汴口，
更於滎澤引河入汴。……至是，新渠填塞不通……命將作大匠
範安及發河南懷、鄭、汴、滑、衛三萬人疏舊渠，旬日而畢。
（《通鑑》二一三）

廣德二年三月，[289] 己未，第五琦開決汴河。（《舊唐書》
一一）

同年三月己酉，以太子賓客劉晏為河南江淮以東轉運使，
議開汴水。……時兵火之後，中外艱食，關中米鬥千錢……晏

---

[289]　原文奪「三月」二字，今替它補上。

178

乃疏濬汴水。(《通鑑》二二三)

河汴有初（淤？）不修則毀澱，故每年正月，發近縣丁男塞長茭，決沮淤，清明桃花已後，遠水自然安流。……頃因寇難，總不淘拓，澤減水，岸石崩，役夫需於沙，津吏旋於潯，千里洄上，罔水行舟。(《舊唐書》一二三《劉晏傳》晏與元載書)

《鄭畋集》載為相時汴河澱塞，請令河陽節度使於汴口開導，仍令宣武、感化節度使嚴帖州縣，封閉公私鬥門。(宋敏求《春明退朝錄》)

又《淮系年表》五說：「汴河舊底有石板、石人以記其地理（北宋前期），每歲興夫開導，至石板、石人以為則。」都說明引黃入汴的淤澱程度非常厲害，所以每年必須挑挖一次，然而這樣子挑挖，不是比浚黃河來得容易嗎？簡單地說，通濟、永濟兩渠之開發，對於黃河就有減水、移淤兩項作用，影響是非同小可的。

▌三、唐代黃河的經行

《隋書·地理志》不載黃河經過的地方，而楊家統治中國，不到四十年，所以，我們總可相信隋、唐的黃河大致是一樣的。唐代大河的經行，胡渭已把《元和郡縣誌》《太平寰宇記》

兩書所載材料，從靈昌縣起，完全輯出，今再補入榮澤以東一小段，[290] 大致按著經過各縣的先後，寫在下面。

榮澤（今榮澤縣北五里）黃河北去縣十五里。（《元和志》八）

原武（今同名）黃河縣北二十里。（同上）

陽武（今同名）黃河縣北三十里。（同上）

新鄉（今同名）見下條。

汲（今同名）黃河西自新鄉縣界流入，經縣南，去縣七里。（《元和志》一六）

酸棗（今延津縣北十五里）[291] 黃河在縣北二十里。（《元和志》八）

靈昌（今滑縣西南）黃河在縣北一十里。（同上）

白馬（今滑縣東二十里）黃河去外城二十步。（同上）

臨河（今濮陽縣西六十里）黃河南去縣五里。（《元和志》一六）

濮陽（今濮陽縣南）黃河北去縣一十五里。（《元和志》一一）

---

[290]　又酸棗、臨河、高唐三縣，《元和志》說明黃河在縣界。胡氏所舉胙城、黎陽、範三縣，《元和志》並沒有說明，所以補入前三個縣，刪去後三個縣（參看下文）。此外，胡氏還漏卻禹城。

[291]　據《地理今釋》，胙城在今延津縣北三十五里，則黃河也許流經當日的胙城縣界。

清豐（今清豐縣西）黃河在縣南五十里。（《元和志》一六）

頓丘（今清豐縣西南二十五里）黃河在縣南三十五里。（同上）

鄄城（今濮縣東二十里）黃河北去縣二十一里。（《元和志》一一）

臨黃（今觀城縣東南）黃河南去縣三十六里。（《元和志》一六）

朝城（今朝城縣西四十里）黃河縣東二十九里。（同上）

武水（今聊城縣西南）黃河南去縣二十二里。（同上）

陽穀（今陽穀縣東北三十里）黃河在縣北十二里。（《元和志》一 ）

聊城（今聊城縣西北十五里）黃河南去縣四十三里。（《元和志》一六）

高唐（今同名）黃河在縣東四十五里。（同上）[292]

平陰（今同名）黃河[293]去縣十里。（《元和志》一 ）

平原（今同名）黃河在縣南五十里。（《元和志》一七）

---

[292] 《水經注》五：「河水東北過高唐，高唐即平原也，故經言河水徑高唐縣東，非也。《地理志》曰，高唐，漯水所出，平原則篤馬河導焉，明平原非高唐，大河不得出其東書矣。」是以漯水經高唐東，則河水不得經高唐東為論據。但漯與河名目雖異而實際同一，《元和志》也說河經高唐的東邊，可見《水經》未必錯。

[293] 《錐指》四〇下引文，「河」下有「北」字。

安德（今陵縣）黃河南去縣十八里。（同上）

長清（今同名）黃河北去縣五十五里。（《元和志》一 ）

禹城（今同名）黃河在縣南七十里。（《太平寰宇記》一九）[294]

臨邑（今臨邑縣南[295]三十五里）黃河在縣北七十里。（《元和志》一 ）

滴河（今商河縣）黃河在縣南十八里。[296]（《元和志》一七）

臨濟（今章丘縣西北二十里）黃河在縣北八十里。（《元和志》一 ）

鄒平（今鄒平縣北）黃河西北去縣八十里。（《元和志》一一）

厭次（今惠民縣南七十里）黃河在縣南三里。（《元和志》一七）

---

[294]　全文稱：「黃河在縣南七十里，上從長清縣來，東北入臨邑縣。」《清一統志》以為「與桑、酈所述，順逆判殊，蓋宋時所經，非漢故道也」。按今本《元和志》一〇，禹城縣適在卷末，似有缺文，上引《寰宇記》一條，也許抄自《元和志》。無論如何，開啟地圖來看，禹城應是唐代大河所經，不是到宋時才經行，而且依照《錐指》四〇下的考訂，並拿前表和《水經注》比較一下，並沒看出什麼「順逆判殊」，不曉得《一統志》從哪來的這一句話？

[295]　《元和志》稱臨邑南至齊州（治歷城）六十里，則《地理今釋》以唐之臨邑為「今臨邑縣北三十五」，顯有錯誤，「北」當作「南」。

[296]　刻本或訛「八十里」，今據《錐指》四〇下所引改正。

蒲臺（今同名）黃河西南去縣七十五里。（同上）

試與《水經注》五相比較，便知隋、唐的河道，仍是北魏時一樣。《元和志》也許有小小疏漏（例如《水經注》五：「河水又東逕武陽縣東，範縣西而東北流也。」又光緒十九年修《鄆城縣誌》一：「今（濮）州境有古黃河二道，一在州北，自開州境流入，又東北入範縣界，此東漢時經流，至唐、宋皆行之。」可是《元和志》範縣下並未提及黃河），參看下節。

▎四、唐代的河患

黃河為患，唐代當然也免不了，不過從書本上蒐集得的零星數據來看，可信唐末以前，河道沒有怎樣大變動（古書「河」字或用作通名，無地名可考的不採）。

貞觀十一年（六三七年）九月，黃河泛溢，壞陝州河北縣（今平陸東北）及太原倉，毀河陽（今孟縣西）中灘。（《舊唐書》三七）

永徽六年（六五五年）十月，齊州（治歷城）黃河溢。（《新唐書》三）

永淳二年（六八三年）七月己巳，河水溢，壞河陽城，[297]

---

[297] 同前引張了且文稱：「永淳二年（六八二年）七月，河溢，壞河陽橋。弘道元年

水面高於城內五尺，北至鹽坎，居人盧舍漂沒皆盡，南北並壞。（《舊唐書》五）

長壽元年（六九二年）八月甲戌，河溢，壞河陽縣。（《新唐書》四）

二年（六九三年）五月，棣州（治厭次）河溢，壞民居二千餘家。（同上三六）

聖歷二年（六九九年）秋，黃河溢。（同上四）[298]

開元十年（七二二年）六月，博州（治聊城）、棣洲河決。（同上三六）

十四年（七二六年）八月丙午，河決魏州（同上五）；河及支川皆溢，懷、衛、鄭、滑、汴、濮人或巢或舟以居，死者千計（同上）。[299]

二十九年（七四一年）十一月，陝郡太守李齊物鑿三門峽上路通流以便漕運，至天寶元年（七四二年）正月，渠成放流

（六八三年）河溢，毀河陽城。」（《禹貢》四卷六期）按永淳二年即弘道元年，是六八三年，不是六八二年，張氏把同一件事誤分列為兩年。

[298] 同上引文稱：「聖歷元年（六九八年）秋，黃河溢。」實是「二年」，蓋據《河南通志》而誤。

[299] 《錐指》四〇下稱，「十五年冀州河溢」，但開元時代之冀州，不是河水經行的地方（怕是用「冀」代「河北」）。《水利史》稱：「新、舊唐書《五行志》及《本紀》於玄宗……開元十五年（七二七年），書河溢冀州（今河北冀縣）。」（一三頁）《黃河年表》引《治水述異》又說本自《新唐書‧五行志》（二五頁），我略翻那幾本書，似未見到這一條史料。即使是有，「河」字也不過用作通名，不是指黃河。

（《唐會要》八七）。按即現時的開元新河。

天寶十三年（七五四年），濟州為河所陷沒。（《元和志》
一 。濟州，今茌平縣西南）

乾元二年（七五九年），史思明侵河南，守將李銑於長清
界邊家口決河東至禹城縣（舊在州西北八十五里）。（《寰宇
記》？）

大曆十二年（七七七年）秋，河溢。（《新唐書》六）

建中元年（七八 年）冬，黃河溢。（同上七）

貞元中，滑州城北枕河堤，常有淪墊之患。（《語林》七）

邵（？）河陰鬥門，曹、汴、宿、宋無水潦之患。（《語
林》三，似德宗時事）

元和八年秋，水大至，滑河南瓠子堤溢，將及城。……帥
恐，出視水，迎流西南行。……亦頗聞故有分河之事，言其水
嘗匯出黎陽傍。……於是遣其賓裴引泰請於魏曰：……切以黎
陽西南，其洄壩拒流，以生衝激之力，誠願一派於斯，幸分其
威耳。……魏帥許之。……而明年春，滑鑿河北黎陽四南，役
卒萬人，間流二十里，復會於河，其壩田凡七百頃，皆歸屬河
南。（沈亞之《下賢集》三，〈魏滑分河錄〉）[300]

元和八年（八一三年），以河溢浸滑州羊馬城之半（滑州，

---

[300]　這是唐時河經黎陽的根據，在李吉甫修《元和志》之後。

第九節　隋唐的黃河

今滑縣東二十里），滑州薛平，魏博田弘正徵役萬人，於黎陽
界開古黃河道（黎陽，今浚縣東北），南北長十四里，東西闊
六十步，深一丈七尺，決舊河水勢，滑人遂無水患。（《舊唐
書》一五，與上條同一事）

長慶二年（八二二年）八月，鹽鐵轉運使王播進《開潁口
圖》。（《舊唐書》一六）

大和二年（八二八年）夏，河溢，壞棣州城。（《新唐
書》八）

開成三年（八三八年）夏，河決，浸鄭滑外城。（《新唐
書》三六）

咸通中（約八六四－八六七年），蕭仿充義成軍節度使，在
鎮四年，滑臨黃河，頻年水潦，河流泛溢，壞西北堤，仿奏移
河四里，兩月畢功。（《舊唐書》一七二〈蕭仿傳〉）

咸通十年（八六九年），詔監軍楊玄價與康承訓商量，拔
（決？）汴河水以灌宿州。（同上一九上。《通鑑》作九年，事實
略異）

大順二年（八九一年）二月，河陽河溢。（《舊唐書》
二上）

我們應該注意的即汴口以東滑州以西的正流，似未鬧過大
潰決，河陽方面屢見河溢，是束之太緊，薛平開古河道則猶是

分河的方法，這些都表現汴對黃河的作用。

其後，景福二年（八九三年），黃河在快將出海的厭次縣境內，向東北潰決，流經渤海縣（今濱縣）的西北（六十里），再東北至無棣縣（今同名）[301] 的東南（六十里），又東北流經馬谷小山而東向入海，[302] 大約即現在馬頰河入海的附近。[303] 計自王莽始建國三年（一一年）河專行漯川入海起，經過了八百八十二年，又改向較北之無棣入海。在有史時期，景福二年以前的河口算是維持最久的。

《禹貢錐指》的《唐大河圖第二十八》注稱：「馬頰河於清豐縣西南首受大河，東北流，至安德縣南，合篤馬河，又東北至無棣縣入海。」那是一件極可疑的考證。馬頰的名雖見於《爾雅》，但唐以前的人沒能實際指出它在什麼地方。《通典》一八〇「德州安德縣」下才說：「古馬頰、覆釜二河在此，」（參《錐指》三〇）又《元和志》一七「安德縣」，「馬頰河，縣南五十里」；「平昌縣（今德平縣）」，「馬頰河在縣南十里，久視元年開決，又名新河」（《古今治河圖說》以為開元十年分出，於史無徵）。這一條所謂「馬頰河」，很像唐代才有的。杜、李兩家

---

[301]　北宋的無棣，即前清的海豐。

[302]　參據《錐指》四〇下及《太平寰宇記》。

[303]　《錐指》的《唐大河圖第二十八》注稱：「無棣今海豐，馬谷大山在今縣北六十里，小山在縣東南。」

都沒說它在清豐受河，關於馬頰河的記載，《元和志》也只有這兩條，如果是從清豐分出，杜佑似不應單于德州稱其「在此」，那是第一個反證。《元和志》說，黃河在安德縣南十八里（引見前），而馬頰河則在縣南五十里，是馬頰在黃河的南方。但《唐大河圖》把馬頰擺在黃河的北方，與《元和志》恰相矛盾，那是第二個反證。一九二五年修《無棣縣誌》一：「《寰宇記》，馬頰河在棣州滴河北；《輿地記》，即篤馬河；《山東通志》，河自德平韓家橋入樂陵縣界……」也不採胡氏那一說。

還有，向來論河患的都很少注意到陝、甘上游，上游也並不是毫無泛濫。《後漢書》二五稱，靈帝「光和六年秋，金城河溢，水出二十餘里」（金城即今蘭州），就是一個例子。據《舊唐書》一五，元和七年正月，「癸酉，振武河溢，毀東受降城」（同書三七及《唐會要》四四，也有同樣的記載）。又《元和志》四「天德軍」下稱，「其理所又移在西受降城，自後頻為河水所侵，至元和八年春，黃河泛溢，城南面毀壞轉多」，是河套一帶也泛溢。不過那邊地勢高，三面都有山脈，那就無從潰決了。

唐代河患為什麼比較少，這個問題，前人也有討論過。閻若璩說：

其說有二：一，程子曰，漢火德，多水災；唐土德，少河患。一，宋敏求曰，唐河朔地，天寶後久屬藩臣，縱有河事，

不聞朝廷，故一部《唐書》[304] 所載者僅滑帥薛平、蕭仿二事耳。[305]

關於程頤之說，胡渭有如下的駁論：

伊川之意，欲明宋多河患以火德故；然東漢亦火德而河患絕少，何也？且禹功既壞，河行未久輒復徙，遠者數百年，近者或百餘年，或數十年，獨東漢之河，垂千歲而後變，則王景之功不可誣也，豈皆德運為之哉？[306]

五德生剋的原理，至現在科學昌明而且君主專制消滅的時代，已不值得一辨。王景的功勞，當然不能埋沒，但他何以成功，自有其原因，可參考前文第八節。關於宋敏求的說法，胡渭卻進一步解釋，他說：

次道（敏求的別號）云，縱有河事，不關朝廷，是也。而愚更有說焉。河災羨溢，首尾互千里之外，非一方可治，當四分五裂之際，爾詐我虞，唯魏、滑同患，故田弘正從薛平之請，協力共治；否則動多掣肘，縱有溢決，亦遷城邑以避之而已，此河功所以罕紀也。據史所書，謂唐少河患，亦未為篤論云。[307]

---

[304]　專指《舊唐書》而言。
[305]　《錐指》四〇下。
[306]　同上。
[307]　同上。

第九節　隋唐的黃河

　　我以為黃河的大患，在於它沖開新道（即改道），造成田園房舍毀壞，如因暴雨、山洪，偶然淹浸，那是任一水系所常見，並不是黃河的特性。唐史少見河防的事務，雖然可把藩鎮割據為理由，論到河道的改變，那就不同了。河北三鎮的繼承，表面上依然聽候唐朝廷之任命，如果黃河鬧了大決，更樂得報告以博取朝廷的賑濟。何況前文所列黃河經行的三十個縣，有三分之二仍歸中央直轄，[308] 怎能把河災特少完全推託於藩鎮割據呢？至如孫星衍稱，「唐時河患亦少，以有漯川，且北流也」[309]，理由尤其薄弱。西漢何嘗不是北流，何嘗不有漯川，為什麼河患比六朝至唐這一個時期多出許多？

　　持相反的意見的別有程大昌，他說：

　　利之所存，唯人希土曠，則河堧得以受水。稍經生字，則遙堤之外，展轉添堤，固其所也，則何怪乎漢、唐以及我宋，平治久則河決益數也。[310]

　　似乎認為唐代河決頗多，試證以前文，其說並不正確。他的意思又認為太平越久，人口越增，堤之外又有堤，人民與水的鬥爭越進步，則水之為害越發加多，也未嘗無部分的理由。可是，據我們所知，唐代戶口以天寶初期為生息最盛，而唐代

---

[308]　淄青到元和以後，仍歸唐朝直轄。
[309]　《經世文編》九六。
[310]　據《禹貢說斷》四引。

可知的改道，卻在極其混亂的景福時候，是不是光拿這一點論據，就可以解決整個複雜的問題呢？

更如《金鑑》一五六引《明副書》稱：

自武帝築宣房於瓠子，館陶分為屯氏，後入千乘，德、棣之河又播為八，水有所洩而力分，故由東京迄唐，鮮有河患。

這一段批判仍然是不切實際。西漢末年河患鬧得很凶，主要還是靠永平治河，才解除威脅，他無視王景的功績，已屬非常外行。自漢至唐，德、棣間更何嘗有河「播為八」那一回事（見前文第八節）。黃河下游多分枝，對上游的洶湧來勢，不見得有多大挽救的。

譚其驤以為河患古少今多（他所謂「古」，即十世紀以前），由於河床裡的泥沙量和洪水量確古少今多，不是自然的變化，而是人為的原因。原因計有四種：（一）森林的破壞。（二）草原的破壞。（三）溝洫的破壞。（四）湖泊和支津的淤塞。

除第一項有相當影響外，他在第四項指出，古時黃河洪水和泥沙的排除，可以說是由華北平原的大部分水道共同負擔，五代以後，硬想用堤防來解決一切，於是兩岸支津，全被堵塞，無以分洩水流。

又根據《水經注》記載，中游各大支流都有不少湖泊，汾、沁各五六個，渭、洛各十餘個，下游則自鴻溝以東，泗、

濟以西，長淮以北，大河以南，共有較大的湖泊約一百四十個，也是五代後日漸淤塞。[311] 這些看法都是本書所一再主張的。

不過譚氏所謂洪水量古少今多，是專就黃河正流來講話，沒有把分洩到各支和它們的湖泊計算在內；如果計算在內。我們斷不能作出全河洪量古少今多的判斷，讀譚文時首先不要誤會。其次，關於泥沙量怎見得古少今多，他提出兩點證明：

（一）王莽至北宋中葉計一千多年，黃河一直都由利津入海，要是當時泥沙量也像近百年來這麼大，則西漢時的海岸線就該在灤口以上。

這一個證明，我們似不能貿然接受。譚氏自己說過，古時泥沙是有不少水道共同負擔，一八五五年以後可不同了，正如他所指出支津盡塞，兩種不同的情況哪能拿來相比呢？試就汴水來說，六朝桓溫、劉裕等屢次行軍，都加以深浚，隋文父子為伐陳或遊幸計，也繼續施治，唐須每年挑修，宋定三年一浚，泥淤既多澱於豫省，下游自必減少許多負擔。我們更須知往日平原低窪，經過長久時期，才把它填充起來，現在既無法測知當日河床與河岸的海拔高度，又不知河床對河岸的相對高度，從何來決定泥沙之少？漢武時關中民謠，「涇水一石，其

---

[311]　同前引《地理知識》二四五—二四六頁。

泥數鬥」（譚文也曾引及），又王莽時張戎說，「河水重濁，號為一石水而六斗泥」，比現在的測試還要高，雖然他們所說也許言過其實，我們可信上古以來泥沙已這樣厲害，才成為民間普遍的認知。由科學研究的結果知道，最重要的是，華北大平原由黃土沖積而成，假使上古泥沙量少，哪能完成這樣的大工程呢？至於湖川淤塞，像金代鉅野、清代睢河那一類事實，也不能全託為人為原因的。

（二）近代河床都比兩岸高，一經改道，故道無法被其他水道利用。古代不然，當春秋中葉第一次大徙後，禹河故道自今肥鄉曲周以下就成了漳水的下游，當東漢第二次大徙之後，西漢故道自今東光以下，就成了清河的下游，由此可見古代黃河河床裡的泥沙一定遠比近代少，所謂河行地上，也只是近幾百年來的事。

余按西漢賈讓不說嗎，一則曰「河水高於平地」，二則曰「河高出民屋」，三則曰「水適至堤半，計出地上五尺所」，河行地上，歷歷如繪，哪能託為近代的事。周代河徙是由礫溪徙入鄴東（即禹河），非由禹河徙出，這且不論。黃河故道能否被利用，要看它所經過是否原來吞併別的河道。漳水和清河是原來固有的河川而被黃河吞併的，黃河離開後，它們當然恢復其舊道。但如果故道上本無別的主人，那麼，別的河川也當然不會

改道進來的。歸結來說，古代黃河下游少沙泥，正如（一）點所指出，是豫省方面已沉積了一大部分，並不見得黃河上游流下來的泥沙量比現在少。

說到草原破壞，他認為唐前仰賴畜牧來維持，可是有人卻把草被損失歸咎於過度放牧。近人論黃河治理的又曾提到飢旱之年，野生動物等連樹根、草皮都食盡，這一自然破壞力我們也不應太過忽略。關於溝洫破壞，譚氏認為五代後封建統治中心東移，中上游的渠道即日就湮廢，農田中的溝洫當然也同歸堙塞。沒有舉出例子來證明，無非「想當然耳」的設想。

綜括起來，他所提河患古少今多的四種原因，唯第四種理由最充足，即是無支派以洩其流，無陂池以容其漲，前人早有成說了。

唐人對黃河正流的施治，除薛平、蕭仿外，找不到其他當時記下的文獻。鄭元慶《小谷口薈蕞》曾說：「孟津縣東北有永安堤，唐時築石堤，當河陽、孟津兩岸，高五丈，闊如之，延六七十里，今在南岸者止有二三里，在北岸者盡決。」[312] 這段話如果可信，則失傳的數量肯定不少。

---

[312]　《金鑑》五六。

▌五、黃河南邊的濟水何時及何故斷流？

試看《後漢書》一〇六李賢注說，王莽後濟水但入河內，又《通典》一七二稱：「今東平、濟南、淄川、北海界中有水流入於海，謂之清河，實荷澤、汶水合流，亦曰濟河，蓋因舊名，非本濟水也。」（東平郡即鄆州，所屬鄆城、須昌、盧，濟南郡即齊州，所屬長清、豐齊、全節、臨邑、臨濟、章丘，淄川郡即淄州，所屬濟陽、鄒平、長山、高苑，北海郡即青州，所屬博昌等縣，均《元和志》稱為唐時濟水經行的地方）便知道舊日的濟水所經陽武、封丘、濟陽、[313]冤朐、定陶、乘氏那一段，即舊日濟水的中段，唐前便已斷流（以上均參看前文第七節）。杜佑因為不了解古代濟水的內幕，所以說唐代的「清河」為「非本濟水」。但我們如果拿《水經注》記下來古濟水行經的縣分（須昌、谷城、臨邑、盧、臺、菅、梁鄒、臨濟、利縣等，參看前文第七節），和《元和志》唐濟水經行的縣分比對一下，無疑的《通典》所謂「清河」，大概就是古濟水的末一段。

前項的推斷，也不是我個人臆測，《水經注》五：「河水又東北流逕四瀆津……河水東分濟，亦曰濟水受河也，然滎口石門水斷不通，始自是出，東北流逕九里，與清水合，故濟瀆

---

[313]　據《地理今釋》，兩漢及北魏的濟陽在蘭儀縣北，並不是現時山東的濟陽。

195

第九節　隋唐的黃河

也。」同書八：「濟水又北，汶水注之，戴延之所謂清口也。郭
緣生《述徵記》曰，清河首受洪水，北注濟，或謂清即濟也。」
又「伏韜《北征記》曰，濟水又與清河合流至洛當者也。……
《魏土地記》曰，盟津河別流十里，與清水合，亂流而東，逕洛
當城北，黑白異流，涇渭殊別，而東南流注也。」又濟水過須
昌縣（今東平西北）後，《水經注》也稱：「是下濟水，通得清
水之目焉，亦水色清深，用兼厥稱矣。是故燕王曰，吾聞齊有
清濟、濁河以為固，即此水也。」

　　看了那些話，好像清河和濟是同一，也好像不同一。其
實，我們能夠抓著兩個對立的概況，黃河性濁而善徙，清河性
清而要有一定的出口，就不難根本解決。即是說，當黃河直趨
鉅野，才折向魯北出海的時代，魯北山谷匯成之「清河」，很容
易為黃河所兼併，而清弱黃強，故清河之名，不太顯著。但當
黃河由陽武偏走東北時，清河便可成為獨立水系，自行出海。
《元和志》一〇：「大野澤一名鉅野，在縣東五里，南北三百里，
東西百餘里。《爾雅》十藪，魯有大野，西狩獲麟於此澤。」顯
然是黃河經行日久，在這裡跌成深塘，及轉折北行，遂奪並了
清河的路徑。後來黃河離開鉅野，鉅野澤便逐漸堵塞，[314] 結果

---

[314]　李素英認梁山泊即大野（鉅野）澤，其結論又說：「如必須為作解釋，只有說上
流涸了，舊澤移到下流來了。」（《禹貢》一卷九期〈大野澤的變遷〉）我以為結
論所說還是比較穩些。

196

跟宋金時代的梁山泊無異，濟水（即黃河故道）於是中斷，清河又恢復其自由。再換句話來講，濟水就是「黃河某一時期的故道」，有它的時候，清河變為它的一支而被其兼併。它既已中斷，清河便仍回復其本來的面目。總之，濟和清河之關係，隨環境的變遷而不同，杜佑清河本非濟水那句話，如從時間性來分析，也自有其部分理由的。

西漢以後，汴和濟同是黃河的一支流，為什麼汴水較久而濟水歷史較短，也就不難明白。當南北朝時候，汴為軍用孔道，由隋至北宋，又是經濟轉輸的大動脈，它雖然頻頻堵塞，賴有群眾勞動的加工，依舊維持不敝。到宋、金對立，已失去了經濟作用，又遇黃河逐漸南徙，汴渠西段回復為黃河的正流，它的古蹟才淹沒不可復見。

濟又怎樣呢？吳王夫差「起師北征，闕為深溝，通於商、魯之間，北屬之沂，[315] 西屬之濟，以會晉平公於黃池」（《吳語》），黃池在今封丘縣西南，那就是春秋末年利用濟水作軍

---

[315]　韋昭注，「沂，水名，出泰山蓋（縣），南至下邳入泗」，是對的。《年表·水道編》卻說：「沂水出尼丘，於魯入泗，與下邳入泗之沂有別。」按武氏所說「沂水」，即《水道提綱》四之靈河，流域很短，不能在吳、魯間發生軍事交通作用。考《魏書》五〇，天安二年（不是元年）尉元表稱，「若賊向彭城，必由清泗過宿豫，歷下邳，趨青州路，亦由下邳入沂水，經東安，即為賊用師之要」（東安，今沂水縣西北），可見下邳入泗的沂，到後世還是吳、魯間用兵要路，武氏所解是不對的（《禹貢》二卷三期蒙文通論古水道與交通的誤解，也和武氏一樣）。復次，《魏策》蘇秦說魏稱，「東有淮、潁、沂、黃」，高誘注：「沂出泰山蓋縣。」這也說明唯「大沂水」才發生軍事作用。

事活動的一件。《山海經‧海內東經》：「濟水出共山南東丘，絕鉅野澤，注渤海，入齊琅槐東北。」郭璞注：「今濟水自滎陽卷縣東經陳留，至濟陰北，東北至東平東北，經濟南，至樂安博昌縣入海，」是東晉初期黃河南邊的濟水仍繼續流行著。《水經注》八：「自（鉅野，薛訓）渚迄於北口百二十里，名曰洪水，桓溫以太和四年（三六九年）率眾北入，掘渠通濟，至義熙十三年（四一七年），劉武帝西入長安，又廣其功，自洪口已上，又謂之桓公瀆。」[316] 按《晉書》九八敘桓溫北伐事稱：「軍次胡陸……進次金鄉，時亢旱，水道不通，乃鑿鉅野三百餘里以通舟運，自清水入河[317]。」《通鑑》一○二作「引汶水會於清水……溫引舟師自清水入河」，胡陸亦作湖陸，今魚臺縣東南，當日水師的取道，大致是由南濟轉入北濟，因河床已漸堙塞，故須用人開掘。《通鑑》一一七，義熙十二年（四一六年），「以冀州刺史王仲德督前鋒諸軍，開鉅野入河」，實是循桓溫的舊路。又《通鑑》一二一，宋元嘉七年（四三○年），到彥之北伐，「自淮入泗，水滲，日行才十里，自四月至秋七月，始至須昌，乃泝河西上」，依然抄襲桓、劉的軍略，但似乎缺少加工，所以舟行非常之慢。

---

[316] 《水道編》謂桓公溝即今牛頭河，按《利病書》三八引《兗州府志》，鄆城雙河水東南流為牛頭河，經嘉祥濟寧，至魚臺塌場口入運。

[317] 《水道編》謂桓溫、劉裕兩回北伐，均由長清西南的四瀆津入河。

綜括前引的歷史，濟水貫通南北那一段，四世紀至五世紀初，也曾再三被利用作水軍通路，因此未致中斷。然由元嘉進軍之慢來推測，可知該路很不暢通，自此以後，無復有軍事上的價值，可信五世紀末，早進入完全中斷的狀態。《寰宇記》一二「濟陰縣」：「濟堤即濟水之故堤也，《國都城紀》曰，自復通汴渠已來，舊濟遂絕。」紀，一本作記（這兩字很易互訛），據章宗源《隋經籍志考證》六，《國都城記》總是六朝人作品，合觀《水經注》「石門水斷不通」的話（引見前），更為強證。到七世紀初，遺跡必很淹沒，否則隋煬方急求交通便利，為什麼不舊事重提而另謀沁、衛的連線呢？

由三國初至唐末幾近七百年，是黃河最安靜的時期，本節的結論如下：

黃河為什麼能夠安靖，最要在分汴，前一節已經闡述。曹操治睢渠，鄧艾治百尺渠（即《水經注》二二之百尺溝，是沙水的別名，附近有淮陽城），雖志在通漕，實際上仍替分汴做工作。一直到五世紀初，憑著軍事利用，屢加挑浚，中間沉寂了約一百五十年，因南北統一，汴又一躍而為南北灌輸的大動脈。唐宋兩代之注重治汴，無異於明清兩代之注重治黃，治汴比治黃易得多，汴治可以分黃，跟著可以分淤，分黃、分淤便大大減低黃河正流的危險，正所謂一舉而三善備了。

第九節　隋唐的黃河

　　後人不了解間接治黃的作用，看見黃河這一期特別馴服，便發生許多揣測，或以為五行生剋，或以為藩鎮隱匿，或歸功於河道北流，或寄想於下游分洩，沒有一個聯合實際，冶黃的方法又哪能發展呢？

　　隋煬帝開通濟渠，在商丘附近，把汴接入蘄水，縮短了交通行程，汴的下游遂分作兩支，原日至徐州會泗那一支依然是通行著。

　　唐代較少見的河患，跟北宋有點相像，多在滑、浚及以東，這也表示著分汴對黃河治安的影響。濟和汴同在一處受河，但它的下游偏於東方，軍事、經濟方面起不了大作用，到五世紀初葉，已有中斷之勢，因而構成三伏三見的謬說。

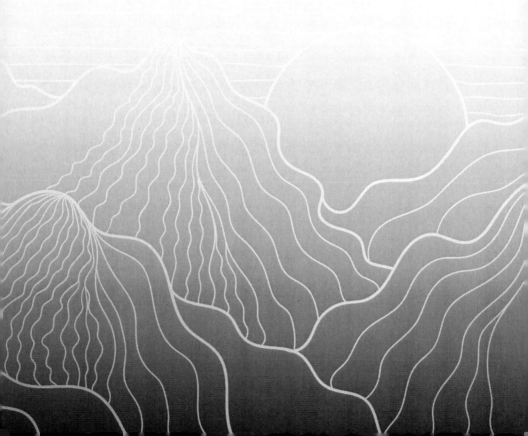

第十節
五代及北宋的黃河

▌ 一、黃河在五代

唐昭宗「乾寧三年（八九六年）四月，河圮於滑州，朱全忠決其堤，因為二河，散漫千餘里」[318]。這是景福改道後唐末所知道的河患。

到五代時候，河患可越來越多了，黃承元《安平鎮志》說：「至五代、北宋時河復南決，百餘年中凡四決楊劉，七泛鄆濮。」[319]現在把史書所載的記錄在下面（只稱「河溢」的略去）。

後梁貞明四年（九一八年）二月，謝彥章攻楊劉，築壘自固，決河水瀰漫數里，以限晉兵。（《通鑑》二七　）

後唐同光元年（九二三年）八月，梁主命於滑州決河，東注曹、濮及鄆以限唐兵。（同上二七二）

三年（九二五年）正月，詔平盧節度使符習治酸棗遙堤以御決河。（同上二七三）

長興二年（九三一年）十一月壬子，鄆州奏黃河暴漲，漂溺四千餘戶。（《舊五代史》四二）

後晉天福三年（九三八年）十月，河決鄆州。[320]

---

[318]　《唐書》三六。

[319]　《天下郡國利病書》四〇。

[320]　《通鑑》二八一，《淮系年表》四誤附二年下。

四年（九三九年）八月，河決博平（博州屬）[321]。

六年（九四一年）九月辛酉，河決滑州白馬；又決鄆州中都，入於沓河；兗州奏河水東流七十里，水勢南流，入沓河及揚州河；濮、澶二州亦受害。[322]

開運元年（九四四年）六月，河決滑州，環梁山，入於汶、濟，[323]注曹、單、濮、鄆之境。[324]

三年（九四六年）六月，河決魚池（滑州地）。

七月，決楊劉（約東阿縣北六十里）、朝城及武德（懷州屬）[325]；楊劉之決，西入莘縣，廣四十里，至朝城北流。[326]

九月，決澶、滑、懷州及臨黃（澶州屬）。

十月，決衛州及原武（鄭州屬）[327]。

後漢乾祐元年（九四八年）四月，決原武。

---

[321] 《新五代史》八；《通鑑》二八二附在七月末，稱「河決薄州」，胡注：「薄州當作博州」。

[322] 《新五代史》八，《通鑑》二八二，《通鑑考異》及《文獻通考》，《新五代史》分附在九十兩個月之下，現把它統記於九月。

[323] 《新五代史》九。

[324] 《續通考》。光緒十九年，《鄆城縣誌》一灘水辨引王晦叔說：「今（濮）州境有古黃河二道，一在州北……一在州東六十里，自曹州流入，此五代決河所經也。」

[325] 《新五代史》九。據《錐指》四〇下，楊劉鎮在東阿縣北，有城，舊臨河律；《九域志》一，鄆州東阿有楊劉鎮。

[326] 《通鑑》二八五。

[327] 以上《新五代史》九。乾隆十二年修《原武縣誌》五，以為到這個時候，「原邑始北臨河」。按《元和志》八已稱黃河在原武縣北二十里，縣誌顯未細考。

第十節　五代及北宋的黃河

五月，決滑州魚池。

乾祐三年（九五〇年）六月，決原武。[328] 盧振請沿汴水訪河故道陂澤處置立鬥門，水漲溢時以分其勢。[329]

後周廣順二年（九五二年）十二月，決鄭、滑。[330]

顯德元年（九五四年）正月，先是河決靈河、魚池、酸棗、陽武、常樂驛、河陰、六明鎮、原武凡八口，至是，分遣使者塞之。[331]

顯德初，河水自楊劉北至博州界一百二十里，連歲決岸而派者十有二焉，[332] 復匯為大澤，漫漫數百里，又東北壞古堤而出，注齊、棣、淄、青。[333] 決河不復故道，離而為赤河。[334]

---

[328] 以上各條均《新五代史》一〇，《淮系年表》四將最末決原武一條誤附乾祐二年。

[329] 《圖書整合·山川典》二三〇引《河南通志》。

[330] 《通鑑》二九一。據《寰宇記》五四，沖沒博州武水縣。

[331] 同上《通鑑》。胡注：「滑州白馬縣有靈河鎮。……六明鎮在大通軍，大通軍即胡梁渡也，晉天福四年建浮橋，置大通軍。」

[332] 《通鑑》二九作「分為二派」，或許錯誤。

[333] 《冊府元龜》，《通鑑》文無青州。

[334] 《宋史》九一。考《錐指》四〇下：「赤河在（東平）州西北，又有遊河、金河……三河俱崖上接開州界，今埋滅不可考。」按《太平寰宇記》六五，「無棣河一名赤河，在（饒安）縣北二十五里」，同縣下又稱，「古胡蘇河一名赤河，從胡蘇縣來」（隋胡蘇縣，唐天寶改為臨津，亦屬滄州），又南皮縣下稱，「赤河在縣西南三百步，自饒安縣來，一百里入海，其水赤渾色」。臨津，今寧津西南二十里，南皮同名。饒安，今滄縣東南一百二十里。此外涉及赤河的還有五條：（一）赤河決東平之竹村。（二）「始赤河決，擁濟、泗，鄆州城中常苦水患」。（三）李垂的《導河形勝書》說：「復西河故瀆，北注大名西、館陶南，東北合赤河而至於海。」（四）李垂奏：「黃河水入王莽沙河，與西河故瀆注金、赤河。」（五）韓贄請浚四界首河，支分河流入金、赤河（皆《宋史》九一），都表示著赤

元年十一月，遣李谷詣澶、鄆、齊按視堤塞，役徒六萬，三十日而畢。[335]

顯德六年（九五九年）六月，決原武。[336]

我們試看，從天福三年到顯德六年，首尾不過二十二年，除滑、澶二州共決了六次之外，懷州決了兩次，鄭州決了五次，這兩州比較在黃河上游，本來河決是少見的，現在竟這麼多，依盧振的話來推測，那可不能不認為與汴渠分水有密切關係。

據《通鑑》二八六，天福十二年（九四七年）四月，「契丹主以船數十艘載晉鎧、仗，將自汴沂河歸其國，命寧國都虞候榆次武行德將士卒千餘人部送之，至河陰」，汴渠雖多破壞，仍未嘗不可航行，所以周世宗之修治汴渠，對於黃河上游的安瀾，是有很大影響的。現在，我把《通鑑》關於治汴那幾條記事，再抄在下面：

顯德二年，「汴水自唐末潰決，自埇橋東南，悉為汙澤。

河遠在大名的東南或東北，胡氏以為上接開州，是不可信據的。其次，《困學紀聞》十引李垂《導河書》：「東為漯川者乃今泉源赤河。」以赤河比漯川，實是錯誤。《淮系年表》四稱：「按宋景祐橫隴決河入赤河，復泛為遊、金二河。」《水利史》一六頁同，不知有什麼根據。《元豐九域志》二及《金史》二五，德州平原縣有金河，可能即是這一條金河，遊河無可考。

[335]　《通鑑》二九二。
[336]　同上二九四。

上謀擊唐，先命武寧節度使武行德發民夫，因故堤疏導之，東至泗上」。（《通鑑》二九二）

四年四月，「乙酉，詔疏汴水北入五丈河，由是齊、魯舟楫，皆達於大梁」。胡注：「河自都城歷曹、濟及鄆，其廣五丈，舊名五丈河，宋開寶六年，詔改名廣濟河。《薛史》曰：浚五丈河，東流於定陶，入於濟，以通齊、魯運路。」（同上二九三。按《水經注》七，菏水「上承濟水於濟陽縣東，世謂之五丈溝」；濟陽在清代蘭儀縣之北。又《寰宇記》菏水「俗謂之五丈河，西自考城縣界來」）

五年三月，「浚汴口，導河流達於淮，於是江、淮舟楫始通」。（同上二九四）

六年，「二月，丙子朔，命王樸如河陰，按行河堤，立鬥門於汴口。……發徐、宿、宋、單等州丁夫數萬浚汴水……自大梁城東，導汴水入於蔡水，以通陳、潁之漕。……浚五丈渠，東過曹、濟、梁山泊 [337] 以通青、鄆之漕」。胡注：「《九域志》曰，浚儀縣之琵琶溝，即蔡河也。《宋朝會要》曰，惠民河與蔡河一水，即閔河也；建隆元年，始命陳承詔督丁夫導閔河，自新鄭與蔡水合，貫京師，南歷陳、潁，達壽春以通淮

---

[337] 《元和志》一〇，鄆州（今東平西南），「梁山在縣南三十五里，《漢書》曰，孝王北獵梁山，是也」。又《水經注》八記濟水會汶水後，「又北逕梁山東，袁宏《北征賦》曰，背梁山，截汶波，是也」。梁山在今東平縣西南五十里，梁山泊應在今壽張縣的東南。

右，舟楫相繼，商賈畢至，都下利之，於是以西南為閔河，東南為蔡河。至開寶六年，始改閔河為惠民河。」（同上）

從這幾段引文總括起來，我們就可抓出一兩個重點。第一點，《水利史》稱：「汴水自唐德宗以後，江、淮割據，漕運不通，日久堙廢。」[338] 按《宋史》九三，張洎說，德宗時叛將李正己、田悅皆分軍守徐州，臨渦（埇？）口，杜佑請改漕路，「朝議將行而徐州順命，淮路乃通」。《水利史》所說德宗後便漕運不通，是完全錯誤的。李翱循著汴河南下，是元和初年的事（見前節）。大抵汴渠向東南通淮的路，到唐末才相當壅塞。通淮的路，在唐代所以維持不斷，完全因為它是吸收東南財富的大動脈。到了晚年，東南一帶已四分五裂，物資輸運的停止，河渠自然也年久失修。同時，割地稱雄的藩鎮，如果非存心侵略，像周世宗對南唐，不僅不求航運暢通，反而希望河道淤塞，免被敵人利用。但汴渠是黃河的支流，有幫助它宣洩的能力，反之，汴渠積淤，當然對黃河發生直接的影響。

其二，浚五丈河，「自開封歷陳留、曹、濟、鄆」[339] 而接於定陶以入濟（宋人稱作「濟」的是指北清河，亦即大清河，可參第九節引《通典》一七二），那就是「古代濟水」的幹流，開

---

[338] 《水利史》二〇五頁。
[339] 《宋史》九四。

通之後，河水的一部可從這條路間接宣洩出海，跟古代濟瀆的情形，十分相像。

　　其三，《爾雅‧釋水》：「江、河、淮、濟為四瀆，四瀆者，發源注海者也。」劉熙《釋名》：「瀆，獨也，各獨出其所而入海也。」胡渭因而致嘆，「河南之濟久枯，河或行其故道，今又與淮渾濤而入海，淮不得玄瀆之名，四瀆亡其二矣」[340]。其實，劉熙的解釋是因讀音相同而誤會。我們現在把書本加以詳細分析，就曉得瀆的意思，並不是「獨」。濟原是河的支流，上古時四瀆可以互通，我在前文第七節已說得夠多了。現從第二項來看，後周及趙宋初期尚表現著古代四瀆的形式，直至黃河屢沖鉅野，鉅野變陸，濟瀆的遺跡才完全淹沒。

▍二、北宋初期的河患

　　後周既修治汴水，在上流分其勢，似乎宋代的河患，應該大大減少了。不，宋代的河患不僅比唐代多，也比兩漢還多（就使漢代的記載不完全），讀者們看看下列的簡表，便可得其大概。

---

[340]　《錐指》四〇下。

宋代初期河患表 [341]

年分	河決地點	備考
太祖建隆元年 （九六〇年）	十月壬申，決棣州厭次，滑州靈河。[342] 是年，又決臨邑。[343]	
乾德元年 （九六三年）	八月，決濟州。[344]	
乾德二年 （九六四年）	赤河決東平之竹村。[345]	七州之地罹水災
乾德三年 （九六五年）	八月癸卯，決開封陽武。 九月辛巳，決澶州。[346]	
乾德四年 （九六六年）	六月甲辰，決澶州觀城，流入大名。 八月乙卯，決滑州，壞靈河大堤（十月堤成，水復故道）。	

[341] 本表數據以李燾的《續資治通鑑長編》為主，並參用《宋史》九一《河渠志》等。
[342] 據李燾書一。《宋史・五行志》作商河，怕有錯誤。
[343] 《宋史・地理志》。
[344] 據李燾書四。《宋史・五行志》作齊州，待考證。
[345] 《宋史》九一，李燾書沒有提及。
[346] 均李燾書六。《宋史》九一又有鄆州。

年分	河決地點	備考
	閏八月乙丑，曹州言河水匯入南華縣。己巳，澶州言河水匯入衛南縣。癸未，鄆州言河水入界。[347]	
開寶四年（九七一年）	六月，決鄭州原武。 十一月，決澶州，東匯於鄆、濮。[348]	
開寶五年（九七二年）	五月辛未，大決澶州濮陽。癸酉，又決大名朝城。 六月庚寅，決陽武。[349]	
太宗太平興國二年（九七七年）	七月癸亥，決孟州溫縣，鄭州滎澤。乙丑，決澶州頓丘、滑州白馬。[350]	
太平興國三年（九七八年）	四月庚辰，決懷州獲嘉。 十月己巳，滑州言靈河縣決河已塞復決。[351]	

[347] 均李燾書七。
[348] 同上一二。
[349] 同上一三。
[350] 同上一八。
[351] 同上一九。

年分	河決地點	備考
太平興國七年 （九八二年）	六月，決齊州臨濟。 七月辛卯，決大名範濟口。 十月，決懷州武德。[352]	
太平興國八年 （九八三年）	五月丙辰朔，大決滑州房村，[353] 泛澶、濮、曹、濟諸州，東南流至彭城界入於淮。[354]	十二月塞，未幾復決，雍熙元年（九八四年）三月塞。 [355]
淳化四年 （九九三年）	十月，決澶州，西北流入御河，浸大名城。[356]	
真宗咸平三年 （一〇〇〇年）	五月甲辰，決鄆州王陵埽，浮鉅野，入淮、泗。	十一月塞。[357]

[352] 同上二三。

[353] 同上二四，唯《宋史》九一作韓村。按《長編》稱是月決房村，擬派員往治，太宗因有「鄉者發民塞韓村決河水，不能成」的話，是韓村之決在前，本月所決的是房村，《宋史》弄錯了。

[354] 葉方恆《全河備考》稱，「自此為河入淮之始」（《經世文編》九六），完全不合，我們只需要看看《史記·河渠書》便明白了。丘浚以熙寧十年河決為入淮之始，更誤。

[355] 李燾書二四及二五。《宋史》九一，「九年春滑州復言房村河決」，可證上年決口是房村而非韓村，此一次不過已塞復決。

[356] 李燾書三四。

[357] 同上四七。

年分	河決地點	備考
景德元年 （一〇〇四年）	九月庚戌，決澶州橫隴掃。[358]	
景德四年 （一〇〇七年）	七月庚辰，決澶州王八掃。[359]	
大中祥符四年 （一〇一一年）	八月戊辰，決通利軍（浚州），合御河，壞大名城。[360] 九月，決棣州聶家口。[361]	明年七月塞。 [362]
大中祥符五年 （一〇一二）	七月，決棣州東南李民灣。[363]	
大中祥符七年 （一〇一四年）	八月甲戌，決澶州大吳掃。[364]	

---

[358] 同上五七。

[359] 同上六六。王八掃在澶州西南。

[360] 同上六七。《宋史》八略同。

[361] 《宋史》九一；李燾書七七隻於五年正月下帶敘。

[362] 李燾書七八；同卷五年二月下有詔稱「河決濱、棣州」，諒來決濱州也是四年的事。

[363] 同上。

[364] 同上八三。大吳在澶州東。

年分	河決地點	備考
天禧三年 (一○一九年)	六月乙未，決滑州城西北天臺山傍，俄復決城西南岸，歷澶、濮、鄆、濟，注梁山泊，又合清水及古汴河，東至塗州入於淮。	州邑被患者三十二。[365]
天禧四年 (一○二○年)	六月辛巳，決滑州天臺山下，走衛南，泛徐、濟。[366]	天聖五年 (一○二七年) 十月塞。
任宗天聖六年 (一○二八年)	八月乙亥，決澶州王楚埽。[367]	
景祐元年 (一○三四年)	七月甲寅，決澶州横隴埽。[368]	自此久不復塞。

---

[365] 同上九三，《黃河年表》四○頁、《水利史》一七頁均誤「三十一」。又《宋史》
九一列舉被災地方有曹州，無濟州。復次，李燾書是年五月下帶敘河決澶淵，
但又注稱不知何時。

[366] 同前李燾書一○五。

[367] 同上一○六。王楚在澶州西南。

[368] 同上一一五。《淮系年表》五：由新道注洩赤河，復泛為遊、金二河」，末句，
《黃河年表》同，不曉得它有什麼根據，參前注 17。

年分	河決地點	備考
慶曆八年 （一〇四八年）	六月，癸酉決澶州商胡掃。[369]	皇祐元年（一〇四九年）二月，黃、御二河流並注乾寧軍。[370]

　　橫隴在今濮陽縣東。[371] 據胡渭考證，景祐元年的決河，是經今陽穀縣東南，範縣東，東阿縣北及東平縣西，但到長清以下，仍跟以前即唐末的河道相合。換句話來解釋，就是濮陽到長清那一段新河，不走較直的舊道（宋人稱這舊道為「京東故道」），而向南方拐一個彎走去。光緒五年修《東平州志》三「舊黃河」條：「舊志，州西七十里有二；其自直隸開州流經濮州，東至州境，又東歷德州、武定、濱州入海者，此自宋以前故道也。明景泰四年，徐有貞請開分河水……即故道矣。」其實沖到東平的是景祐決河，經過德縣（即宋的將陵）的可能是二股河，但二股河下游又不入武定、濱州（見下文），這些故跡，還待細考。又《古今治河圖說》稱，「景德元年，決澶州橫

---

[369]　同前李燾一六四。
[370]　同上一六六。
[371]　《錐指》四〇下。

隴掃,循赤河下注,是為橫隴河」(二〇頁),似由《淮系年表》至景祐元年的記事(見注五一)而引起之誤會。

▌ 三、「北流」走哪一條路?

商胡的決口又怎樣呢?當天禧四年,李垂奉派赴北邊計議疏河利害,他回來後稱,「若決河而北,為害雖少,一旦河水注御河,蕩易水,逕乾寧軍,入獨流口,遂及契丹之境,或云因此搖動邊鄙」[372],早存著這種疑懼心理。不料過了二十八年(即慶曆八年),黃河決口恰恰走著這條道路。

據胡渭說,商胡在今濮陽縣東北三十里,他對於這條新河經過的地方,曾作出詳細考證。[373] 現在我只把《宋史·河渠志》有明文的寫出,即是自內黃(元祐八年「西決內黃」,又元符二年「河決內黃口,東流遂斷絕」),經南樂(元祐元年張問「請於南樂大名掃開直河」)、大名(「自商胡決,為大名、恩、冀患」)、館陶(皇祐二年河決館陶之郭固)、平恩(今丘縣西,元符三年張商英請復平恩四掃)、清河(即宋的恩州)、宗城(今威縣,元祐四年都水監說河「決宗城中掃」,又「以為大河臥東,則南宮、宗城皆在西岸」)、南宮(見上文)、棗強(熙寧

---

[372] 《宋史》九一。
[373] 《錐指》四〇下。

元年六月，河「決冀州棗強掃，北注瀛」）、冀（見上文，又元
祐四年都水監說，「以為臥西則冀州信都、恩州清河、武邑或
決，皆在東岸」）、衡水（崇寧三年巡河的奏稱，回至武強縣，
循河堤至深州，「又北下[374] 衡水縣，乃達於冀」）、武邑（見上
文，又治平元年都水監奏，「商胡堙塞……房家、武邑二掃由
此潰」）、阜城（元豐五年九月，河「溢永靜軍阜城下掃」）、武
強（見上文，又崇寧四年，「尚書省言大河北流，合西山諸水，
在深州武強，瀛州樂壽掃」）、樂壽（見上文，今獻縣）、南皮
（元豐五年，「九月，河溢滄州南皮上下掃」）、清池（今滄縣，
元豐五年，「溢清池掃」）、乾寧軍（今青縣，元豐四年李立之
奏，「河流至乾寧軍，分入東西兩塘，次入界河，[375] 於劈地口
入海」）。又大觀二年吳玠奏，「自元豐間小吳口決，北流入御
河，下合西山諸水，至清州獨流砦三叉口[376] 入海」），合界河
而入海，宋人文字常常稱它作「北流」。它的河口在現在的天
津，自從王莽河絕（一一年），河口自天津移向山東，經過一千
零三十七年，再次走上天津出海的路，可算是黃河變遷中較為
重大的一次。

---

[374]　宋人文字常以「北下」為自北向南，參下注 69。

[375]　《錐指》四〇下：「靜海縣本宋清州地，縣境有界河，亦日潮河，即易、滹沱、
　　　　巨馬三水所會，自文安縣流經縣西北，合衛河入海。」

[376]　同上《錐指》說，獨流口在靜海縣北二十里，劈地口在縣東北，又東為三叉
　　　　口，蓋即天津衛東北之三岔河。

還有兩件疑似的事實，這裡並須辨明：第一，《契丹國志》七〈聖宗紀〉說：

時黃河暴漲，溺會同驛，帝親擇夷坦地復創一驛，每年信使入境……

宋、遼的年年通使，是自統和二十二年（一〇〇四年）澶淵議和起，聖宗死於太平十一年，即宋仁宗天聖九年（一〇三一年），檢閱前表，黃河在這一段時間之內，並無北決至契丹國境之事，恐怕實是界河暴漲。因為，後來黃河跟界河合流，著書的葉隆禮相隔百五六十年，遂致誤傳為黃河暴漲。

第二，《契丹國志》二四轉載《王沂公行程錄》（沂公是王曾的封號，他於大中祥符五年出使契丹，但《宋史》三一〇〈王曾傳〉未載）稱：

自雄州白溝驛渡河，四十里至新城縣。

所渡的河也是指界河，現在雄縣的北邊尚有白溝店，又新城縣的西南有界河鋪，可以作證。唯目下拒馬河及南易水系經雄縣的南邊（參注八五），或是後來的改道。

話又回頭，我所列舉的縣名，和胡渭的有許多不同，那不能不抽空來解釋一下。未過清河以前，胡氏有冠、臨清兩縣，這裡暫且不論（唯清豐介在濮陽、南樂的中間，那當然是新

決河所經過的）。清河以後，胡氏有夏津、武城、將陵（今德縣）、蓨（今景縣）、東光等五縣，但這些在《河渠志》裡面都未找出實證。[377] 反之，胡氏又未列出我所舉的南宮、冀、衡水、武邑、阜城、武強、樂壽那七縣，這七縣確為新決河道所經，試看《河渠志》各條引文，是極明顯的。衡水介在南宮、冀和武邑、武強的中間，地位與前文的清豐是一樣。至於胡氏為什麼不列那七縣，除武邑是遺漏之外，他的理由是：

今按阜城、平鄉、鉅鹿、[378] 武強、衡水、樂壽、信都、南宮等縣，皆漳水之所經，御河不入其界，而屢被大河決溢之害，此北流混入漳水之明驗也。今廣平府曲周、平鄉、廣宗、鉅鹿縣界中，並有黃河故道，縣誌云，宋元豐中北流決入，漳水遂為大河之所經。又清河縣北有黃河故道，北入南宮界，蓋自宗城、清河二縣之御河決入；趙偁言初決南宮，再決宗城，三決內黃，皆西決，則地勢西下，較然可見，即其事矣。其在阜城、樂壽者，則自棗強之御河決而北，熙寧元年，河決冀州棗強掃，北注瀛，政和五年，孟揆言若修閉棗強上掃決口，其費不貲，是也。然北流雖混入漳水，仍自兩行，其下流至清池縣西，還與之合。[379]

---

[377]　參下注 136 及 137。
[378]　關於平鄉、鉅鹿兩縣，下文別有說明。
[379]　均《錐指》四〇下。

218

他又在《宋大河圖第二十九》裡面注稱：

北流初行永濟渠，後復從宗城、清河、南宮、信都、棗強、阜成（？）等處，混入漳水。

南宮、信都、阜城三縣是後來混入的，也並未找出證據。至如樂壽，姑無論是哪一年的決入，我們究無理由說它不是北流所經。而且還有武邑、武強、衡水三縣，胡氏又持什麼理由來剔除它呢？關於這個問題，我們不應該含糊略過的；我以為胡氏實因《河渠志》「河合永濟渠注乾寧軍」的話而誤會。他估道，北流的新河，完全與舊有的永濟渠合流，所以把永濟渠經行的地方，作為北流經行的地方；其實，北流在那一點跟永濟渠合流，是不是兩條水的下游完全合流，《宋史》沒有詳細列出。《程昉傳》說，「河決商胡北流，與御河合為一，及二股東流，御河遂淺澱」（《宋史》四六八），好像可作為胡氏考證的最有力的根據（但胡氏卻沒有引這一條）。然而我們卻找著許多相反的憑證，《程昉傳》的話也許只是籠統的說法。

我要推翻胡氏北流「又北至大名府東北合永濟渠」的部分考定，[380] 我再從《宋史·河渠志》裡面找出若干證據，按年代的順序，逐層加以駁正。

北流從仁宗慶曆八年（一〇四八年）起，以後閉塞過兩次

---

[380] 同上。

（詳下文），神宗熙寧二年（一〇六九年）就是其中的一次，據《宋史》九五，是年九月，劉彝、程昉言，二股河[381]北流今已閉塞，然御河水由冀州下流，尚當疏導以絕河患。先是，議者欲於恩州武城縣開御河約二十里，入黃河北流故道，下五股河，故命彝、昉相度，而通判冀州王庠謂第開見行流處下接胡盧河，尤便近。彝等又奏，如庠言，雖於河流為順，然其間漫淺沮洳，費工尤多，不若開烏欄堤，[382]東北至大小流港，橫截黃河，入五股河，復故道尤便。

武城的御河須開挑二十里，才能入北流故道，可見在這以前，武城的御河並沒有完全跟北流合為一道。再後兩年（一〇七一年），《宋史》九二說：

> 熙寧四年七月，辛卯，北京新堤第四、第五掃決，漂溺館陶、永濟、清陽以北……時新堤凡六掃而決者二，下屬恩、冀，貫御河，奔衝為一。（永濟即今臨清，清陽今清河縣東）

胡氏的考定或許被這一條史文所迷惑，但「奔衝為一」不定是北流走了御河的故道，也可說御河跟著黃河跑而沖開新道。何況這是北流已閉之後的事，更反映出北流未閉之前，沒有跟御河奔衝為一。即使讓一步說，也不過短時的會合，不久

---

[381]　「二股河」三字應刪除。
[382]　在恩州，見《宋史》九一。

便已修塞，有熙寧九年（一〇七六年）文彥博所奏：

去冬，外監丞欲於北京黃河新堤開置水口，以通行運，其策尤疏，此乃熙寧四年秋黃河下注御河之處，當時朝廷選差近臣督役修塞，所費不貲。（《宋史》九五）

可證。後到元豐四年（一〇八一年）四月，「小吳掃復大決，自澶注入御河」（小吳掃在澶州東）。又哲宗元祐三年（一〇八八年）蘇轍疏稱：「昔大河在東，御河自懷、衛經北京，漸歷邊郡。……自河西流，御河湮滅……今河自小吳北行，占壓御河故地，雖使自北京以南折而東行，則御河堙滅已一二百里，何由復見。」（均《宋史》九二）這可算是北流行御河的一段事實。但在元豐四年小吳既決之後，劉定又奏稱：

王莽河一徑水，自大名界下，合大流注冀州，及[383]臨清徐曲御河決口，恩州趙村壩子決口兩徑水亦注冀州城東，若遂成河道，即大流難以西傾。（《宋史》九二）

大流即指北流，據他所說，則北流跟御河沒有在臨清地方合為一道。再過一年（一〇八二年）：

元豐五年，提舉河北黃河堤防司言，御河狹隘，堤防不固，不足容大河分水，乞令綱運轉入大河而閉截徐曲。（《宋

---

[383]　這個「及」字應作「又」字解。

第十節　五代及北宋的黃河

史》九五）

　　說御河「不足容大河分水」，請塞臨清的御河徐曲決口以
免大河分入，當日北流不經臨清，更無庸疑了。又元祐二年
（一〇八七年）是東流淤閉時期，而王覿奏稱，「緣邊漕運，獨
賴御河，今御河淤墊，轉輸艱梗」，也反映出御河的下流並非
與北流完全合一。尤其是元符二年（一〇九九年），「大河水勢
十分北流」，「東流遂斷絕」（《宋史》九三）之後，我們在《宋
史》九五還看見：

　　崇寧元年（一一 二年），詔侯臨同北外都水丞司開臨清縣
壩子口，增修御河西堤，開置鬥門，決北京、恩、冀、滄州、
永靜軍積水入御河枯源。明年秋，黃河漲入御河，行流浸大名
府館陶縣，敗廬舍，復用夫……修西堤，三月始畢，漲潮復壞
之。政和五年（一一一五年）閏正月，詔於恩州北增修御河東
堤，為治水堤防。

　　真正的北流並不在臨清的地面跟御河（永濟渠）同道，更
多一重保證。況且依照元祐四年都水監的奏章，南宮、宗城是
在北流的西岸，武邑、信都、清河是在北流的東岸，試開啟地
圖，在這五縣之間畫一直線，便極容易證出北流在這一段地
面，的確不跟御河同流（參看前文第九節永濟渠經行的各縣）。

　　所較有疑問的，唯《河渠志》九二載，元豐四年九月，李

222

立之「又言北京南樂、館陶、宗城、魏縣，淺口、永濟、延安鎮，瀛州景城鎮在大河兩堤之間，乞相度遷於堤外」。按淺口鎮屬館陶（在館陶西），永濟、延安二鎮[384]屬臨清，均見《九域志》一。又景城鎮屬瀛州樂壽（即唐的景城縣，在今交河縣東北六十里），見《九域志》二。但「李立之所築生堤，去河遠者至八九十里」（《宋史》九一），是永濟、延安二鎮得在大河兩堤之內，也無足怪，與北流不經臨清的說法，沒有什麼大衝突。

簡單地說，胡氏所考的「北流之所經」，是總括宋慶曆八年 —— 金明昌五年一個長時期，但他列出的縣分，有許多並不是北流所經常通過的，或單是短期沖過的，我們為要了解現實，解除衝突，就不得不多費些筆墨，加以辨正。

其次，他說北流「又東北逕清池縣西而北與漳水合」[385]，這一點也是含有疑問而值得重新檢討的。「漳河源於西山，由磁、洺州南入[386]冀州新河鎮，[387]與胡盧河合流，其後變徙，入於大河」（《宋史》九五）。熙寧二年，司馬光請「北流淤淺，即塞北流，放出御河、胡盧河」，同年張鞏也說，「宜塞北流……又使御河、胡盧河下流各還故道」（同上九一）。熙寧

---

[384] 金有延安鎮，屬濟南府，據《山東通志》一一八《黃河圖》，在齊東縣西，濟陽縣東南，跟這個延安鎮同名不同地。

[385] 《錐指》四〇下。

[386] 南入即由南向北入，參前注 57。

[387] 當即現在的新河縣。

第十節　五代及北宋的黃河

四年，河決大名第五埽，程昉「導葫蘆河自樂壽之東，至滄州
二百里」（同上四六八）。又熙寧七年，「知冀州王慶民言，州
有小漳河，向為黃河北流所壅」（同上九五），從這幾條史文來
推勘，我們可斷定漳河是在冀縣境內已與北流相合，合點不在
更東北之清池。尤其是張鞏只說使御河下流還故道，言外更見
得御河的上流非全與北流合一。

　　胡氏還提到平鄉、鉅鹿兩縣。據《宋史》九三，紹聖元年
（一○九四年）趙偁奏：「請開闞村河門，修平鄉、鉅鹿埽、焦家
等堤，浚澶淵故道，以備漲潮，」大致是洩水的計畫。趙偁的見
解，本以為「地勢西下」（見前引胡氏《錐指》），所以主張開闞
村河門，準備河漲時往西北平鄉、鉅鹿一帶洩水，因而那邊不
能不事先修埽。胡氏則以為平鄉、鉅鹿有埽，就是北流所經，
那因為他對於趙偁的用意、史文的真義，未能細心領悟之故。

　　《河渠志》九三有一段，稱大觀二年，「邢州言河決，陷
鉅鹿縣，詔遷縣於高地」，那又怎樣說呢？我以為北流既經宗
城、南宮之東（見前文），於事理斷不應經過鉅鹿，這一回的水
災，恐怕是大河向西方溢位，一路沖到鉅鹿，不是說鉅鹿位在
大河的邊緣。

　　北流的經路既詳細說明，總括起來，這期的河患，大多數
在滑、澶以東，最特殊的是太平興國二年決溫縣及滎澤。

四、橫隴道的回復又「北流」與「東流」的爭執

宋代初期占八十餘年，後期至北宋末止才七十餘年，而後期中治河的爭論卻特別多，往往挾持著黨爭或對人的成見，把問題更弄得複雜。這裡先把後期的黃河大事，列成簡表，然後摘要來論述。

甲、宋代後期黃河大事表 [388]

年分	河事	備考
仁宗皇祐三年 （一〇五一年）	七月辛酉，決大名館陶之郭固。[389]	
嘉祐元年 （一〇五六年）	四月壬子朔，塞商胡北流，令入六塔河。	六塔不能容，是夕復決商胡。[390]

---

[388]　這表所採的數據，與初期表同，河患不盡載，故以「大事」為名。

[389]　同前李燾書一六七。

[390]　據同上一八二。《宋史》九一稱，「水死者數千萬人」（《水利史》一九頁同），當是數十萬之誤。

年分	河事	備考
嘉祐五年 （一○六○年）	河於大名第六埽分決為二股河（即東流）。	自二股河行一百三十里，至魏、恩、德、博之境，日四界首河。[391]
嘉祐七年 （一○六二年）	七月戊辰，決大名第五埽。	
英宗治平元年 （一○六四年）	浚二股、五股河，[392] 塞房家、武邑二埽潰口。	紓恩、冀之患。
神宗熙寧元年 （一○六八年）	六月，溢恩州烏欄堤；又決冀州棗強埽，北注瀛州。 七月，溢瀛州樂壽埽。	

---

[391] 同前李燾書一九二，在嘉祐五年（一○六○年）之前。五年七月，韓贄請浚四界首河，支分河流入金、赤河，只繫條陳，並未實行，《黃河年表》（四八及六七頁）有誤會。

[392] 據《宋史》九五，五股河應在武城之北。

年分	河事	備考
熙寧二年 (一〇六九年)	八月戊申[393] 北流閉。 又自商胡南四十里許家港東決。[394]	泛溢大名、恩、德、滄、永靜五州軍。[395]
熙寧四年 (一〇七一年)	七月辛卯，決大名永濟縣（六年併入臨清）新堤第四、第五掃。 八月，溢澶州曹村。 十月，溢衛州王供。[396]	漂溺館陶、永濟，清陽以北，下屬恩、冀，貫御河，奔衝為一。[397] 水入鄆州。[398]

[393] 《宋史‧神宗紀》作「七月戊申」，七月乙丑朔，月內不得有戊申。

[394] 《宋史》九一作「計家」，九二作「許家」。

[395] 自嘉祐七年至此，李燾書缺，均據《宋史》九一。

[396] 同前李燾書二二七，但訛作「正供」。《宋史》九二：「溢衛州王供，時新堤凡六掃而決者二。」《黃河年表》（五〇頁）及《水利史》（二一頁）以「王供時」為地名，大誤，「時」字應屬下讀，王供是掃名，見下熙寧年及《宋史》九二元豐四年，又四六八《程昉傳》；距延津縣二十里。

[397] 同上二二五及二三八。

[398] 同上二二六。曹村在澶州西南。

227

年分	河事	備考
熙寧五年 （一〇七二年）	二月甲寅，修二股河上流，並塞第五埽決口。 六月，溢大名夏津。[399]	四月丁卯畢工。[400]
熙寧八年 （一〇七五年）	八月，二股河泛溢，河道變易，在王胡莊，尋導歸二股河。[401]	

[399] 同上二三四。
[400] 據李燾書二三八；唯同書二二八作四年十二月甲子詔修，二三二又作四月辛未畢工。
[401] 同上二八二載範子淵奏。

年分	河事	備考
熙寧十年 （一○七七年）	七月乙丑（十七日），大決於澶州曹村下埽。甲戌（二十六日），澶州言北流[402]斷絕，河道南徙。 是月，河復溢衛州王供、懷州黃沁、衛州汲縣上下埽、滑州胙城縣韓村。[403] 八月，河決鄭州滎澤埽。[404] 黃廉疏張澤濼至濱州之道以紓齊、鄆之患。[405]	東匯於梁山、張澤濼，[406]分為二流，一合南清河入於淮，一合北清河入於海，凡灌州縣四十五，壞田逾三十萬頃，而濮、齊、鄆、徐尤甚。[407]

---

[402]　這個「北流」是泛指向北方流去的河水，不是指與「東流」相對待的「北流」。
[403]　據李燾書二八三。
[404]　均同上二八四。
[405]　均同上二八四。
[406]　深山、張澤是兩個濼名，見《宋史》九五「河北諸水」條。
[407]　據李燾書二八三。

第十節　五代及北宋的黃河

年分	河事	備考
元豐元年 （一〇七八年）	四月丙寅，塞曹村決口。	改曹村埽曰靈平，河復歸北。 [408]
元豐三年 （一〇八〇年）	七月庚午，決澶州孫村、[409] 陳埽及大吳埽。[410]	
元豐四年 （一〇八一年）	四月乙酉，決小吳埽，[411] 注入御河。[412] 六月己巳，竇仕宣言，河自乾寧軍撲椿口以下流行未成河道，又緣河東北流，自下吳向下，與御河、胡盧、滹沱三河合流。[413]	六月戊午，詔東流已填淤，不可復。[414]

---

[408]　同上二八九。

[409]　《淮系年表》五以為孫村在澶州東，《續金鑑》三引《清一統志》，孫村埽在開州東北三十四里。按李燾書四一六稱，孫村口與內黃埽相對。

[410]　李燾書三〇六。《宋史》九二又舉小吳埽，據李書言，乃明年四月之事。

[411]　小吳埽與曹村埽南北相直，小吳在北岸，見《宋史》三三一《張問傳》。

[412]　李燾書三一二。

[413]　均同上三一三。

[414]　均同上三一三。

年分	河事	備考
元豐五年 （一〇八二年）	二月乙亥，河北堤防司言，河自恩州臨清縣西傾，側向東入御河，至恩州城下，水行湍悍。[415] 三月戊申，河北堤防司言，御河狹隘，不能容納大河分水，御河綱運，唯通恩、滄、永靜、乾寧，自可轉入大河，請閉截徐曲來水併入大河為便，從之。[416]	溢入利津、[417]陽武溝、刀馬河，[418]歸入梁山濼。[419] 十月己未，班仲方言大吳掃不塞，內黃縣北流已成正河。[420]

[415] 同上三二三。

[416] 同上三二四。

[417] 宋無利津，現時的利津縣又遠在山東，這當是「延津」之誤，跟陽武同在原武的東北。

[418] 李燾書作刀馬河，見下九月條。

[419] 據《宋史》九二，李燾書三二九隻言決原武，不言溢入梁山濼。

[420] 同上三三〇，因四年八月河決小吳，乃開大吳口導河循西山北流，見李燾書三四八。

年分	河事	備考
	六月，河溢大名內黃埽。[421] 七月王午，都水監言水衝靈平埽，已依旨決大吳埽，使水下流。[422] 八月，河決鄭州原武埽，奪河水四分以上。 九月癸卯，滑州言刁馬河水泛韋城以南至長垣。[423] 河溢滄州南皮上下埽，又溢清池埽，又溢永靜軍阜城下埽。[424]	十二月，庚申，原武埽塞。[425]
元豐六年 （一〇八三年）	正月王寅，工部請自溫縣大河港開雞爪河，接至大和坡（廣武埽對岸），下武陟縣界，透入大河，分減廣武埽水勢，從之。[426]	

---

[421]　據《宋史》九二，李燾書不載。

[422]　李燾書三二八，決埽是六月事。

[423]　李燾書三二九，依此來看，刁馬河河道是由韋城（今滑縣東南）經長垣的。《宋史》九四，都提舉司請於汴河北岸創開生河一道下合入刁馬河，《淮系年表》五說「刁馬河在中牟東南，舊通汴河」，當誤。

[424]　據《宋史》九二，李燾書不載。

[425]　李燾書三三一。

[426]　李燾書三三二。

年分	河事	備考
元豐七年 （一〇八四年）	七月甲辰，大名府言河溢元城掃，浸北京。[427]	河北諸郡皆被災。[428]
元豐八年 （一〇八五年）	十月己卯，決大名小張口。[429]	
哲宗元祐二年 （一〇八七年）	河決冀州西岸南宮下掃。[430]	
元祐三年 （一〇八八年）	河決南宮上掃。[431]	
元祐四年 （一〇八九年）	河決大名西岸宗城中掃。[432]	

---

[427] 李燾書三四七。

[428] 《宋史》九二。

[429] 李燾書三六〇。同書四二一稱，「舊河在大名東，水勢丁字，正沖馬陵口折向東復西，直注小張口」。

[430] 南宮決掃，李燾書四二一於元祐四年正月敘及（亦見四三〇），稱南宮上下堤防「前此二年皆嚙浚而決」，南宮奪過河身八分。又載劉安世奏（大約四年所上）稱，「去歲冀州南宮未閉，信都又決，繼而大名宗城中掃又決。」

[431] 同上一條注。又李燾書四八〇稱，四年秋，北京之南沙河第七鋪決水卻北運河，不知是否即指宗城掃之決。

[432] 同上一條注。又李燾書四八〇稱，四年秋，北京之南沙河第七鋪決水卻北運河，不知是否即指宗城掃之決。

年分	河事	備考
元祐八年 （一〇九三年）	澶州河潰，南犯德清，西決內黃，東淤梁村，[433] 北出闞村，宗城決口復行魏店。	北流因淤遂斷，河水四出，壞東郡浮梁。
紹聖元年 （一〇九四年）	十月，塞闞村等河門，盡障北流，使全河東還故道。[434]	
元符二年 （一〇九九年）	六月己亥，河決內黃口，東流斷絕。[435]	
元符三年 （一一〇〇年）	四月，河決蘇村。[436]	
徽宗崇寧二年 （一一〇三年）	河決內黃。[437]	

---

[433]　梁村在清豐東南。

[434]　以上二年事均據《宋史》九三，李燾書卷佚。

[435]　李燾書五一一。

[436]　《宋史》九三，李燾書卷佚。蘇村所在，《水利史》：「《方輿紀要》作濬縣，又作開封，疑是濬縣。」（二六頁）考《元史》二五，延祐七年下有開封蘇村，但《宋史》九一「通利軍有齊賈、蘇村凡二掃」，通利軍即濬州，《紀要》作濬縣是用清代的地名，這不必懷疑。

[437]　《宋史・岳飛傳》。

年分	河事	備考
大觀二年 （一一〇八年）	五月，河決，陷邢州鉅鹿縣。 六月，冀州河溢，壞信都、南宮兩縣。[438]	
政和五年 （一一一五年）	十月，河決冀州棗強埽。	
政和七年 （一一一七年）	決滄、瀛二州。[439]	
宣和三年 （一一二一年）	六月，河溢冀州信都。 十一月，河決清河埽。	

乙、橫隴故道的回復

商胡決後，宋人的對策可分為兩種：一種主張恢復橫隴故道（如賈昌朝）；一種主張納河水入六塔河，然後引歸橫隴舊河（倡自河渠司李仲昌，即李垂的兒子。李垂見前文）。兩種對策都是要挽回北流，復走京東故道，實際上可歸併而為一。

---

[438] 《宋史》本紀作三年六月庚寅，但未提兩縣名。

[439] 徽宗朝河事，除《岳飛傳》一條及本條見《宋史・五行志》外，其餘均據《宋史》九三。《五行志》稱，瀛、滄州河決，滄州城不沒者三版，民死者百餘萬。按宋代史料只有戶數，無口數，唯唐天寶最盛時口約五千三百萬，元世祖末年約六千萬，北宋領域比唐和元都少得多，政和七年在元世祖前一百七十餘年，充其量似不過有口四千萬上下，如果止瀛、滄二州就死了百餘萬（須注意滄州是邊海地方），則占北宋全口四十分之一，這個數目是否可靠，尚有疑問。

胡渭說：「六塔，地名，今清豐縣西南三十里六塔集是也。宋
時穿渠，自今開州北十七里，引商胡決河流經此地，東南入橫
隴故道，是為六塔河。」[440] 但據至和二年（一○五五年）歐陽
修的奏疏稱：「今六塔止是別河下流，已為濱、棣、德、博之
患。」[441] 似六塔是原有的水系，[442] 宋人不過用人工來擴大。關
於恢復故道，歐陽修曾屢上奏章來阻止，其扼要的駁論是：

　　橫隴湮塞已二十年，商胡決又數歲，故道已平而難復，安
流已久而難回。[443]

　　又

　　今六塔既已開，而恩、冀之患何為尚告奔騰之急？……避
高就下，水之本性，故河流已棄之道，自古難復。……決河非
不能力塞，故道非不能力復，所復不久，終必決於上流者，由
故道淤而水不能行故也。及橫隴既決，水流就下，所以十餘年
間，河未為患。至慶曆三四年，橫隴之水，又自海口先淤，凡
一百四十餘里，其後遊、金、赤三河相次又淤，下流既梗，乃
決於上之商胡口。……大約今河之勢，負三決之虞：復故道，
上流必決；開六塔，上流亦決；河之下流若不浚使入海，則上

---

[440]　《錐指》四○下。《淮系年表》五稱，「六塔河在澶州東北十七里」，按宋澶州在
　　　今清豐西南二十五里，年表顯是誤筆。
[441]　《宋史》九一。
[442]　《錐指》同卷下文引歐陽修那一句之後，也說「是當時已有六塔河」。
[443]　均《宋史》九一。

流亦決。[444]

　　當時宰相富弼極力主張開修六塔，不料在商胡決口剛塞那一天晚上，塞口復決（見前表），承辦河務人員都受到相當的處罰，橫隴問題至是便告結束。

　　潘季馴在其《河防一覽》，曾認為歐陽修的話不足信，他說：「漢元光中，河決瓠子，注鉅野……堙淤二十餘載，而一塞決即復通之，何云故道不可復乎？……即如賈魯治河，亦以復故為主，傳記可考也。且自我朝以來，徐、邳之間，屢塞屢通，如以故道為不可復，則徐、邳久為陸矣。」[445] 他的批評，似有其歷史根據，然歐陽修所稱，「天禧中河出京東，水行於今所謂故道者，水既淤澀，乃決天臺掃。尋塞而復故道，未幾又決於滑州鐵狗廟，今所謂龍門掃者。其後數年，又塞而復故道，已而又決王楚掃，所決差小，與故道分流，然而故道之水終以壅淤，故又於橫隴大決」[446]，也有其當日的經驗。何況季馴在他的《兩河經略疏》固嘗說過，「已棄故道，欲行開復，必須深廣與正河等，乃可奪流」[447]，是復舊河應有相當的條件，不能離開實際。我們看看後來東流的結果，再把清代銅瓦廂之決，比照一下，潘氏對歐陽的批評，未見得便成定論。

---

[444]　均《宋史》九一。
[445]　《金鑑》一一。
[446]　《宋史》九一。
[447]　《金鑑》三〇。

丙、北流與東流的爭執

商胡再決之後第四年，即嘉祐五年，又在大名地面；另決開一條二股河，寬二百尺，下游接四界首河（見前表）。據當時韓贄稱：「四界首，古大河所經，即《溝洫志》所謂平原金堤，開通大河，入篤馬河，至海五百餘里者也。」[448] 為要跟商胡的北流有分別，宋人特稱作「東流」。譚其驤說：「至仁宗慶曆八年（一〇四八年）……後十二年，又在今大名東決出一股，東北循馬頰河入海。自此至宋亡數十年，黃河主流有時行東股，有時行北股，有時二股並行，還有決徙在二股以外的。」[449] 按「二股」是專名，如果了解為東股和北股，那麼，「五股」又該怎樣區別呢？認專名為通名，是一個嚴重的錯誤。

二股河行經的地方，舊史裡面沒有詳細的記載。[450] 胡渭認為即唐馬頰河之故道，至安德縣（今陵縣）後東北合篤馬河，[451] 但唐代的馬頰起自某處，是一個疑問，我已在前文第九節提出。如果四界首河確即漢之篤馬河，則依《水經注》五所說，二股河下流過安德後，應經西平昌（今德平）、般（今德平）、樂陵（今同名）、陽信（今同名）而入海。《宋史·五

---

[448]　《宋史》九一。

[449]　同前引《地理知識》二四四頁。

[450]　《宋史》九一初說，「至魏、恩、德、博之境」，下文又說，「自魏、恩、東至於德、滄，入於海」，滄州是指無棣縣。

[451]　《錐指》四〇下。

行志》，熙寧二年八月，「河決滄州饒安」，饒安在今滄縣東南一百三十里，或是二股經行的地方。再如韓琦稱「自德至滄，皆二股下流」，司馬光稱專行二股，「是移恩、冀、深、瀛之患於滄、德等州」[452]，都是渾括的說法。按宋的滄州轄清池（今滄縣東南四十里，饒安於熙寧五年省入）、無棣、鹽山、樂陵、南皮（今均同名，唯鹽山、樂陵二縣治略有變更）五縣，德州轄安德、平原二縣，然而韓琦等並不是說那兩州所屬各縣都是二股河通過。至二股河上流所經，確見於《宋史·河渠志》的只有堂邑（今同名，熙寧七年，劉瑾說：「博州界堂邑等退背七埽，歲減修護之費」）、夏津（今同名，熙寧五年，「河溢北京夏津」）、[453] 將陵（今德縣。紹聖元年樞密院奏：「上流諸埽已多危急，下至將陵埽決壞民田」）[454] 三縣，《禹貢錐指》四〇下對上游經行，敘來雖頗詳細，然而並無佐證，下游則全記篤馬河的經途，這裡所以不予採入。《清一統志》曾說：「其在今南皮、鹽山、慶雲及山東海豐諸縣界者，乃宋嘉祐中二股東流之故道。」海口偏北，從河決饒安一事來看，似比《錐指》為比較可靠。

　　宋朝既連續碰著北流、東流的大變局，於是不得不討論對

---

[452]　均《宋史》九一。
[453]　《宋史》九二。這時北流已閉，「河」字應指東流，胡渭誤將夏津、將陵兩縣列為北流經過的地方。
[454]　《宋史》九三。這件事也發生在北流已閉之後，參前條。

策，當日的主張，大致可分為三派：（甲）李立之請在恩、冀、深、瀛各州築生堤三百餘里，堤基距離河身遠的或至八九十里，用意專是抵禦河水的漫流。（乙）王亞等稱：「黃、御河帶北行入獨流東寨，經乾寧軍、滄州等八寨邊界，直入大海，其近海口闊六七百步，深八九丈，三女寨以西，闊三四百步，深五六丈……天所以限契丹」；與（甲）派的意見接近，同是維持北流的。（丙）宋昌言等「獻議開二股以導東流」，即「於二股之西置上約，擗水令東，俟東流漸深，北流淤淺，即塞北流，放出御河、胡盧河，下紓恩、冀、深、瀛以西之患」。司馬光當時亦贊成這一個方案，不同的只是主張緩進，不主張急進，要候到河水東流的分量確占全河量八成以上，而二股河下流滄、德一帶的堤掃又經穩固，才將北流閉塞。奈都水監張鞏等急欲立功，神宗也同意這樣子做法，就在熙寧二年八月把北流封閉。然而同一年之內，黃河又在閉口之南四十里許家港地方，向東潰決，[455]水災延及大名、恩、德、滄、永靜五州軍境。[456]

北流閉後，「水或橫決散漫，常虞壅遏」，試看熙寧四年，二股河上流已堵塞了三十餘里，十年正月，文彥博又奏，德州河底淤澱，洩水積滯，那麼，東流不得通利，大概可想而知。

---

[455]　《宋史》九二，「許家港清水鎮河極淺漫」，向東潰決，當是沖出一道清水鎮河。按《九域志》一，大名冠氏縣有清水鎮，據《地理今釋》，在今冠縣東北四十里，就方位來說，實向東北潰決，故恩、德、滄等成受害區域。

[456]　本段都據《宋史》九一。

所以東流僅僅行了八個年頭（熙寧十年七月），河水即從澶州大決，完全往南改道，先向東匯入梁山泊，隨後分為兩派：一派合南清河入於淮，一派合北清河入於海（明艾南英《禹貢圖注》引方氏說，建、紹後，黃河決入鉅野，溢於泗以入於淮者謂之南清河，汶合濟至滄州入海者謂之北清河）。八月，又決上游之滎澤，雖然未及一年，澶州決口即已修塞，然而到元豐四年四月，仍自澶州潰決，恢復原日的「北流」，東流於是淤塞。[457] 換句話說，東流的歷史實際上並不夠十二年。

東流比北流相對的不利，正所謂昭然若揭，可是宋人不明情勢，沒有了解前事之失，後事之師，只因孫村（在澶州）的地勢低下，遇著夏秋霖雨時候，潦水往往東出，哲宗剛剛即位，回河東流的建議又死灰復燃。這一回爭執的論點，大概借國防為掩護。事緣宋代北邊，西起保州（今清苑）的沈苑泊，東至泥姑海口，連綿七州軍，屈曲九百里，有一連串的塘濼，「深不可以舟行，淺不可以徒涉」。仁宗朝以後，即明白地或祕密地從事擴張，藉此以阻契丹戎馬之足。[458] 他們以為如給濁河經過，便成平陸（王覿奏），而且河決每西，則河尾每北，若復不止，南岸遂屬遼界，自河而南，地勢平衍，直抵京師，

---

[457] 本段都據《宋史》九二。

[458] 《宋史》九五。按《唐會要》八七：「神龍三年（七〇七年），滄州刺史姜師度於薊州之北，漲潮為溝，以備契丹、奚之入寇。」這就是宋代界河之張本。

241

可為寒心（安燾奏）。當日執政如文彥博、呂大防等都主張這
一說，范純仁、王存、胡宗愈等則持反對的態度。王存引石
晉末耶律德光（遼太宗）南犯，何嘗無黃河阻隔為反駁，蘇轍
尤力稱「地形北高，河無北徙之道」。奉派赴視察東、西（西河
即北流）兩河的範百祿等回奏也稱，按行黃河獨流口至界河，
又東至海口，查得界河未經黃河行流以前，闊一百五十步，下
至五十步，深一丈五尺，下至一丈。自黃河行流之後，今闊至
五百四十步，次亦三、二百步，深者三丈五尺，次亦二丈，雖
遇近年泛漲非常，而大吳以上數百里終無決溢之害，此乃下流
歸納處河流深快之驗。塘濼有御遼之名，無御遼之實，冬寒冰
堅，尤為坦途。如滄州等處早因商胡之決而淤澱，至今四十二
年，迄無邊驚。藉令河能北去，中國占上游，契丹豈不慮我乘
流侵擾？北方沿邊，自古往來，豈塘濼、界河所能制限？對於
當日東流的主張，駁斥最為深切。然而承辦河務的人員，向來
以河工為利藪，因又藉口於北流的南宮、宗城連年潰決，請在
孫村口故道分洩漲潮，改換名目來避免攻擊。末一點雖經蘇轍
駁以「河流暴漲出岸，由孫村東行，蓋每歲常事」，前一點又被
梁燾指出「去年屢決之害，全由堤防無備」，怎奈河務人員大有
不達目的不肯罷休之勢。這件事爭持了好幾年，到元祐八年五
月，竟准河務官員的奏請，進梁村上下約，束狹河門，弄得漲
潮四潰（見前表）。宋朝的執政猶不知覺悟，紹聖元年十月，

都水使者王宗望斷然地封閉北流。可是這一回的成績，比熙寧二年更糟，不滿五年（元符二年），河便從內黃沖決，東流斷絕。[459] 以後北流最少也保持了六十多年，東流比北流相對的不利，更加明白。宋人受過這兩場嚴重教訓，不敢再提東流，而且邊事日多，河務已退居次要的地位了。

《錐指》四〇下說：「禹河本隨西山下東北去，賈讓請決黎陽遮害亭，放河使北入海，是也；時不見用，而宋之北流實行其道。河入海之路，宜近不宜遠，孫禁議決平原金堤，令入故篤馬河，行五百餘里入海，是也；許商阻之，而宋之東流，卒由篤馬河入海。……唯其言之當於理而已矣。」

持這樣的眼光，來衡量治河方針，是一套非常迂腐的書生之見。第一，賈、孫的建議，下至北流、東流時代，已過千年，黃河的本身及其環境，已不知經過多少變化，多少「當於理」的事故；胡氏竟以千年後偶然性的變化，認為千年前已預見的真理，太過擬不於倫。

第二，賈、孫兩人的建議前後僅相隔十年，如說兩種都「當於理」，我們試設身處地，當日應該採用哪一種呢？或是兩種兼用呢？

第三，北流的沖開，先於東流十二年，如認北流合理，為

---

[459]　以上事蹟見《宋史》九二－九三。

什麼再鬧出東流？如認東流合理，為什麼二十年後便即填淤？可見「當於理」那種說法，很難兩相貫通的。

第四，明人已有決開銅瓦廂，使河復歸北方的揭出（見下文第十四節），假使依胡氏的論證，則由明末至咸豐五年之治河，都是多餘的事。

第五，商胡在今濮陽東北，黎陽在今浚縣東北，商胡所決開的路，跟賈讓意中所指，並不相同；而且「北流」的歷史，最多不過一百十餘年，聯繫著時間性來看，哪能說是「當於理」呢。

▌ 五、宋人其他的治河方式

除前項所談的爭執外，宋人還提出其他的方案，可分類記述如（左）下：

甲、以經義治河

這本是漢人的見解，但經魏、晉、北朝以至唐，河患並不嚴重，此調久已不彈了。宋人多偏重理論，忽視現實，所以這一套論調又舊本翻新，首先提出的要數大中祥符五年（一〇一二年）的李垂。他曾寫《導河形勝書》三篇併圖，大意

是自汲郡東推禹故道，挾御河，較其水勢，出大伾、上陽、[460]
太行三山之間，復西河故瀆，[461]北注大名西、[462]館陶南，東
北合赤河而至於海，因於魏縣[463]北析一渠，正北稍西逕衡漳，
直北下出邢、洺，如夏書過洚水，稍東注易水，合百濟、會朝
河[464]而至於海」；其實行方法，則自滑州以下，把黃河分成六
派。[465]大致來說，是一種分流的計畫。後來元符三年張商英
所擬「引大河自古漳河，浮河入海」[466]，也是採李垂計畫的一
部分。

乙、治遙堤

乾德二年將治古堤，議者以舊河不可卒復，力役且大，但
詔民治遙堤以御衝注；太平興國八年，命使者按視遙堤舊址；
又大中祥符七年，詔罷葺遙堤以養民力。[467]這些都是著眼於

---

[460] 《錐指》二九：「大伾山一名黎陽山，今在浚縣東南二里，即賈讓所謂東山也。
枉人山一名善化山，在縣西北二十五里，俗名上陽三山，即賈讓所謂西山
也。」同書四〇中下引《明一統志》及《湯陰縣誌》，枉人山在內黃縣西南六十
里，湯陰縣東南二十五里。

[461] 即指鄴東故大河。

[462] 據《地理今釋》，宋代的大名在今大名縣東。

[463] 今大名縣西十里。

[464] 《金史》二四，高陽縣有百濟河。朝河應即注五八之潮河。

[465] 《宋史》九一。

[466] 同上九三。《錐指》四〇下：「浮河即浮水，在今滄州東南，《水經注》所稱浮水
故瀆也。」

[467] 均《宋史》九一。

遙堤的。後來南宋程大昌極力支持這一方案，主張棄田徙民，他說：「國朝乾德、興國、祥符之間，三嘗講求遙堤，獨興國詔書為詳，曰：河防舊以遙堤寬其水勢，其後民利沃壤，鹹居其中，河以盛溢，則罹其患，遂遣趙孚等條析堤內民籍稅數，議蠲賦徙民，興復堤利。聖意究知害源，銳意復古，千世一時也。」[468]

丙、分水勢

太平興國八年按視遙堤人員趙孚等[469]回奏：「以為治遙堤不如分水勢，自孟抵鄆雖有堤防，唯滑與澶最為隘狹，於此二州之地，可立分水之制，宜於南、北岸各開其一，北入王莽河以通於海，南入靈河[470]以通於淮，節減暴流，一如汴口之法。其分水河量其遠邇，作為鬥門，啟閉隨時，務乎均濟，通舟運，溉農田，此富庶之資也。」[471]

這種分水勢的計畫，和後來李垂的意見，可說是根本相同。不過垂從經義出發，這從現實出發，垂擬分河作六支，都

---

[468] 《禹貢說斷》四，可參李燾書二四。《宋史》九一未舉孚名，唯《宋史》二八七《趙孚傳》：淳化二年（九九一年），奉詔行視河岸復遙堤，「孚言治遙堤不如分水勢，於是建議於澶、滑二州立分水之制」，就是這一回事，唯誤放在太平興國八年之後八年。

[469] 參前一條注。

[470] 《輿地廣記》九，滑州白馬縣有靈河津，本名靈昌，後唐改。

[471] 均《宋史》九一。

以渤海為出口點，這擬分作兩支，一向渤海，一向黃海。比較來看，我以為這一計畫，比李垂的更為切實，可惜當日未有採用，後人也從不重視他的意見，真是英雄無用武之地了！

宋人主張分水的，卻不在少數，像韓贄說：「商胡決河，自魏至於恩、冀、乾寧，入於海，今二股河自魏、恩東至於德、滄，入於海，分而為二，則上流不壅，可以無決溢之患。」司馬光說：「西北之水，並於山東，故為害大，分則害小。」[472] 範百祿說：「審議事理，釃為二渠，分派行流，均滅漲潮之害，則勞費不大，功力易施。」[473] 趙偁說：「北流全河，患水不能分也，東流分水，患水不能行也。」許將說：「若舍故道，止從北流，則盧河下已湮而上流橫潰，為害益廣；若直閉北流，東徙故道，則復盧受水不盡而被堤為患，竊謂宜因梁村之口以行東，因內黃之口以行北。」[474] 都不外同一樣的意見。

當東流、北流爭執最烈的時期，更是較穩健的第一步辦法。甚至主張東流的人，也有張茂則請「存清水鎮河以析其勢」[475]，吳安持請「開青（清）豐口以東雞爪河，分殺水勢」[476]，我們總不能說分水不是治河方法的一種。反對開河分

[472]　均《宋史》九一。
[473]　同上九二。
[474]　同上九三。
[475]　同上九二，參前注 138
[476]　同上九三。

水的，如歐陽修說「開河如放火，不開如失火」，蘇轍說「既無東西皆急之勢，安有兩河並行之理」[477]，都未將整個問題做深入的檢討。胡渭說：

　　吾觀古河未有不兩行者，禹廝二渠，為萬世法，自三以上則必敗。宋之二股……以此為枝渠，受河水十之一二，亦自無害，但不可令指大如股耳。[478]

　　頗能糾正蘇轍的錯誤，但以為自三以上必敗，試細讀黃河的歷史，卻絕對是不正確的。

　　胡渭對宋代君臣論治河的批評，文字太長，除上舉一段外，現在再摘錄一段如下：

　　熙寧五年，神宗語執政曰：河決不過占一河之地，或東或西，若利害無所較，聽其所趨如何；元豐四年又謂輔臣曰：水性趨下，以道治水，則無違其性可也，如能順水所向，徙城邑以避之，復有何患，雖神禹復生，不過如此，此格言也。然施之於商胡北流，適得其宜，若地平土疏，潰溢四出，所占不止一河之地者，豈亦當順水所向，遷城邑以避之乎？歐陽修曰：河本泥沙，無不淤之理，淤常先下流，水行漸壅，乃決上流低處，故大河已棄之道，自古難復，此格言也。然瓠子決二十餘

[477]　同上九二。
[478]　《錐指》四〇下。

歲而武帝塞之，河復北行二渠，[479]河侵汴、濟，[480]注淮、泗，六十餘年而王景治之，仍由千乘入海。[481]

　　神宗徙城邑的意見，仍是本自賈讓，靳輔、夏駰對賈讓這種意見的批評（見前文第八節），也和胡氏之批評神宗相同。

　　歐陽修所稱「河本泥沙，無不淤之理」，錢穆的批評是：「此說固亦有理。然以說明歐陽以下之事態則合，若以說明歐陽以前之事態則未必盡合。否則何以殷商、西周可以千餘年不淤，東漢以下至北宋又可以近千年不淤，而北宋以下之黃河卻不百年而必淤、必塞、必潰決改道？」[482]

　　這個問題可用兩點來解答：第一，冀魯豫大平原是由黃河淤澱而成，即至有史初期，人類還用不著急著和水爭地，故堤防不多，同時河身深而且寬，河水可以任情氾濫，淤澱其實在不知不覺中進行著。說商、周不淤，太過脫離現實。第二，自有汴口的分流，河沙一部分就被運入汴、濟，晉和劉宋因軍事轉輸，屢次疏濬，唐和北宋更幾於年年加挑，北宋以後少了汴的分河，也就少了汴水系的分淤，比宋前易淤易塞且易於潰決。

---

[479]　這句是胡氏誤會，已辨見前文第八節。
[480]　當日的汴、濟仍是河水分流，這句亦未穩妥。
[481]　《錐指》四〇下。
[482]　《禹貢》四卷一期六頁。

▋六、宋人治河的技術

有幾件特別值得一提的：

甲、掃岸

掃的名稱，《宋史》才見，但並不是說，宋人首先發明，它無疑是西漢王延世所用竹落（見第八節）的演進。《宋史》九一說：

> 舊制歲虞河決，有司常以孟秋預調塞治之物，梢、芟、薪柴、楗橛、竹、石、芟索、竹索凡千餘萬，謂之春料，詔下瀕河諸州所產之地，仍遣使會河渠官吏，乘農隙率丁夫、水工收採備用。凡伐蘆荻謂之芟，伐山木榆柳枝葉謂之梢，辮竹糾芟為索。以竹為巨索，長十尺至百尺，有數等。先擇寬平之所為掃場；掃之制，密布芟索，鋪梢，梢芟相重，壓之以土，雜以碎石，以巨竹索橫貫其中，謂之心索，卷而束之，復以大芟索系其兩端，別以竹索自內旁出，其高數丈，其長倍之。凡用丁夫數百人或千人，雜唱齊挽，積置於卑薄之處，謂之掃岸。既下，以橛臬閣之，復以長木貫之，其竹索皆理（埋）巨木於岸以維之。遇河之橫決，則復增之以補其缺。凡掃下非積數疊，亦不能遏其迅湍。又有馬頭、鋸牙、木岸者以蹙水勢護堤焉。

依同書所記，仁宗初有四十五掃，計：

孟州二　河南　河北。

開封府一　陽武。

滑州七　韓村　房村　憑管　石堰　州西　魚池　迎陽
（舊有七里曲掃，後廢）。

通利軍二　齊賈　蘇村。

澶州十三　濮陽　大韓　大吳　商胡　王楚　橫隴　曹村
依仁　大北　岡孫　陳固　明公　王八。

大名府二　孫杜　侯村。

濮州四　任村　東　西　北。

鄆州六　博陵　張秋　關山　子路　王陵　竹口。

齊州二　採金山　史家渦。

濱州二　平河　安定。

棣州四　轟家　梭堤　鋸牙　陽成。

元豐元年塞曹村決口，河員創為橫掃之法以遏絕南流。[483]
四年，用李立之的獻議，沿北流分立東西兩堤，設五十九個
掃；「定三等向著，河勢正著堤身為第一，河勢順流堤下為第
二，河離堤一里內為第三。退背亦三等：去河最遠為第一，次
遠者為第二，次近一里以上為第三。」[484]

---

[483]　黃河年表》五二頁引《滑縣誌・孫洙靈津廟碑》。
[484]　均《宋史》九二。

乙、浚川杷

　　熙寧中，「有選人李公義者，獻鐵龍爪揚泥車法以浚河。其法，用鐵數斤為爪形，以繩系舟尾而沉之水，篙工急棹，乘流相繼而下，一再過，水已深數尺。宦官黃懷信以為可用而患其太輕，王安石請令懷信、公義同議增損，乃別制浚川杷。其法，以巨木長八尺，齒長二尺，列於木下如杷狀，以石壓之，兩旁系大繩，兩端矴大船，相距八十步，各用滑車絞之去來，撓蕩泥沙，已又移船而浚。或謂水深則杷不能及底，雖數往來無益，水淺則齒礙沙泥，曳之不動，卒乃反齒向上而用之」[485]。

　　這種杷的製造，從現在科學眼光來看，當然是極之幼稚，但世界上任何機械，何嘗不都是從最粗製而漸進為精美的。明劉堯誨《治黃河議》所說：「使各該州縣各造船隻，各置鐵扒並尖鐵鋤，每遇淤淺，即用人夫在船扒浚」[486]，與及近世的浚河機船，更何嘗不是由浚川杷演變出來。如果當日治河的員工肯用心研究，加以改進，對於疏導工作，必有些幫助。《錐指》四〇下「浚川之杷，幾於以河為戲」的批評，那無非忽視勞動的表現，不批評他們不知改良而批評他們要試用，這是不能進步的一種巨大障礙。

---

[485]　均《宋史》九二。
[486]　《圖書整合·山川典》二二三。

丙、治河責任的普及

《河渠志》稱，乾德「五年正月，帝以河堤屢決，分遣使行視，發畿甸丁夫繕治，自是歲以為常，並以正月首事，季春而畢。是月，詔開封、大名府、鄆、澶、滑、孟、濮、齊、淄、滄、[487] 棣、濱、德、博、懷、衛、鄭等州長史，併兼本州河堤使」。開寶五年十月，詔「自今開封等十七州府各置河堤判官一員，以本州通判充」。咸平三年，「詔緣河官吏雖秩滿，須水落受代。知州、通判兩月一巡堤，縣令佐迭巡堤防，轉運使勿委以他職」（《宋史》九一）。元豐七年，「北京帥臣王拱辰言：河水暴至，數十萬眾號叫求救，而錢穀稟轉運，常平歸提舉，軍器、工匠隸提刑，掃岸物料、兵卒即屬都水監，逐司在遠，無一得專，倉卒何以濟民？望許不拘常制」（同上九二）。又大觀二年，詔「河防夫工歲役十萬，濱河之民，困於調發，可上戶出錢免夫，下戶出力充役」（同上九三）。從這些文獻來看，我們可得到一個教訓，即是沿河的官史、人民，都要擔負著保護河道的一部分責任，而指揮、保護的事務，則需要有專精的人，治河的行政，大概到北宋才開始走上軌道去。

---

[487]　宋初的黃河河道，跟唐末相同，宋代的滄州轄清池、無棣、鹽山、樂陵、南皮五縣。無棣是景福改流後所經的地方。

丁、河堤種樹

隋煬帝於通濟渠岸旁築御道，種柳樹，似多為個人享樂起見。宋開寶五年，「詔曰，應緣黃、汴、清、御等河州縣，除准舊制種蓺桑、棗外，委長吏課民別樹榆、柳及土地所宜之木，仍按戶籍高下，定為五等：第一等歲樹五十本，第二等以下遞減十本，民欲廣樹蓺者聽，其孤寡煢獨者免」（《宋史》九一）。重和元年，「詔滑州、濬州界萬年堤全藉林木固護堤岸，其廣行種植以壯地勢」（同上九三）。又太宗時，王嗣宗通判澶州，並河東西植樹萬株，以固堤防（同上二八七《嗣宗傳》），那麼，宋人一般已了解得植樹來保護堤岸了。

▌ 七、宋代河患的分析

以分水來洩黃河的暴漲，是我所贊同，有人疑心顯德時代汴渠已大量疏濬，而北宋的河患反有增無減，是不是由於分水所釀成的呢？

對於這種疑問，我們可來一個極明顯的反駁：通濟渠從大業加工起計至唐末，通流著的時候差不多三百年，然而隋、唐的河患，比較唐以後幾等於零，那可見北宋的河患，不能推諉在汴河身上。我們試回頭把宋代初期河患表來統計一下，大

約三十多回當中，滑州占了六回，澶州占了十二回，大半都在澶、滑兩州的境內，跟五代末年一樣。太平興國時代就已有人指出滑、澶兩州的河道最窄（引見前文），仁宗時[488]，郭諮又說：「澶、滑堤狹，無以殺大河之怒，故漢以來河決多在澶、滑。[489]且黎陽、九河之原，今若引河出沒子山下，穿金堤，與橫壟合以達於海，則害可息。」[490]這些話大約是沒錯的。大河經過汴口，雖然一度分流，再走了兩三百里，左側都受著西山的低坡所逼脅，河身復窄，水勢當然越為湍激（跟明、清時徐州的狹束有點相同）。我們試看太平興國八年、天禧三、四兩年的滑州河決，咸平三年的鄆州河決，都橫流到徐、泗方面，當日黃河的趨勢，已大略可見。

我們又試看在北宋一百六十多年當中，上游的孟州決了一回，懷州決了三回，鄭州決了四回，開封府陽武決了兩回，以比五代時短期的潰決次數（見前文），總算少之又少，這也不能不算是汴渠分水的功效。

棣州固然去海不遠，可是「河勢高民屋殆逾丈」[491]，又至

---

[488] 《宋史》三二六《郭諮傳》敘在康定（一〇四〇年）之前，他已說到橫壟河道，則又在景祐元年（一〇三四年）之後，故知郭諮的建議，應在一〇三五─一〇三九年之間。

[489] 據《水經注》五，周時分決的宿胥口，即在滑臺城西。

[490] 《宋史》三二六本傳。

[491] 《宋史》九一。

第十節　五代及北宋的黃河

和二年（一〇五五年）歐陽修疏稱：

> 初天禧中，河出京東，[492] 水行於今所謂故道者，水既淤澀，乃決天臺埽。尋塞而復故道，未幾又決於滑州南鐵狗廟，今所謂龍門埽者。其後數年，又塞而復故道，已而又決王楚埽，所決差小，與故道分流，然而故道之水，終以壅淤，故又於橫隴大決。……至慶曆三四年，橫隴之水，又自海口先淤，凡一百四十餘里，其後遊、金、赤三河相次又淤，下流既梗，乃決於上流之商胡口。然則京東、橫隴兩河故道，皆下流淤塞……今若因水所在，增治堤防，疏其下流，浚以入海，則可無決溢散漫之虞。……河之下流若不浚使入海，則上流亦決。[493]

又熙寧十年，文彥博奏德州河底淤澱，[494] 由此，可知下游的淤塞，越會使得上游狹窄的地方易於潰決。梁睿僅以為「滑州土脈疏，善岸隤，每歲河決南岸」[495]，近人鄭肇經說「河有所分，安得不敗，朱全忠實為罪魁禍首」[496]，都是不得要領的論調。

---

[492]　這時的黃河，經過鄆、濮、齊、淄等州，前二州屬於京東西路，後二州屬於京東東路，所以稱作京東故道。

[493]　《宋史》九一。

[494]　同上九二。

[495]　同上九一。

[496]　《水利史》一四頁。

商胡既決而宋人偏要恢復橫隴，北流尚暢而宋人卻要挽使東流，大多承辦河務的人員，有點唯利是圖，而不明大勢的執政，又惑於設險守國，胡渭說，「是時縱慾回河，亦當先治其下流，則橫隴故道，復亦無難」[497]，多少是對的。王巖叟指北流「橫遏西山之水，不得順流而下，蹙溢於千里」[498]，那幾句話，確不能不推為治河的格言。因為西山及西北的水源，大致都由西而東，向現在河北的地面「傾銷」，如放黃河北流，結果必定攪亂那方面的水系的。反之，山東半島的北部，無很大的水流存在，黃河可以獨行其是。然而話雖這樣講，卻不定要急躁地閉斷北流，可以取暫時觀望的態度，許將的話「未嘗不深切事情」[499]。又像紹聖元年十月北流剛閉，十一月[500]癸丑，三省樞密院即奏「訪聞東流向下，地形已高，水行不快」[501]，更可見宋人辦事的糊塗。任伯雨說，「自古竭天下之力以事河者，莫如本朝，而徇眾人偏見欲屈大河之勢以從人者，莫甚於近世」[502]，正說中當日的弊竇。至於鄭肇經對宋人治河的批評，如「未審全河大勢，唯知治遙堤與分水」，又以為熙寧元年

---

[497] 《錐指》四〇下。

[498] 《宋史》九二。《錐指》四〇下歷舉宋代君臣治河的格言，竟漏了這一條，所見未免不實。

[499] 《水利史》二五頁。

[500] 《宋史》九三「已酉」上漏去「十一月」三字，現在補入。

[501] 均同上。

[502] 均同上。

的數度河決，由於「二股河分洩水勢，下流受淤，水行漸壅而上決」[503]，極力肯定分水的有害，如果我們細心閱讀整個尤其宋代黃河變遷的歷史，便見得他失之過偏。

更如錢穆追究到宋代河之為害，嘗說：「我想春秋時代的狄人，盤踞殷衛故土，而使黃河橫潰改道，正猶如唐天寶以後的胡將牙兵，割劇（？）大河兩岸，而使宋代河患劇發不制，先後事變如出一轍。」[504] 我們又須知北方擾亂時期，莫如十六國，然何嘗給北魏、隋、唐帶來許多河患。唐代沿河下游的縣分，有三分之二還是歸中央直轄（見前節），而且宋代統一，計至慶曆商胡之決，已幾近九十年，河患不治，尤應宋人多負其責，哪能把它完全推在唐代「割據」的身上。文彥博說得好，「此非天災，實人力不至也」[505]。

還有關於人的問題，回復東流是司馬光分析過六塔、二股利害後所贊成的，他與王安石的不同只是緩進、急進的分別，而近人卻專委其過於安石；[506] 疏其壅滯，是胡渭、謝肇淛所主張的，而對於安石之用浚川杷，卻加以譏笑，[507] 好像天下之惡皆歸，這都不是公平的批判。

---

[503]　《水利史》一六及二〇頁。

[504]　《禹貢》一卷四期五頁。

[505]　《宋史》九二。

[506]　《水利史》二〇頁。

[507]　《錐指》四〇下及《水利史》二二頁。

總結一句，黃河泛向徐、泗，北宋前期有了四次，後期有了兩次（熙寧十年及元豐五年），完全象徵著北方那時候的地面，有鑑於自然條件[508]而又缺乏人工的補救，已不是黃河所能安居，只是一天捱一天，等著南徙的機會而已。鄭肇經說，「南清河下本有自漢以來渲蕩已成之枯河，連次參加淘刷，至此更成大壑，河流雖分南、北兩派，大半皆入於南，河之南徙，實由於此」[509]，似乎未能找出黃河為什麼南徙的主要原因。

▌八、《元豐九域志》所著錄的黃河

　　說到這裡，還有北宋末《元豐九域志》的記載，也要交代清楚。那本書是元豐年間王存等所編定，乾隆四十九年，桐鄉馮集梧取影宋本刊布，大約胡渭沒有見過。其卷一、卷二各縣下常注「有黃河」字樣，元豐恰當「北流」、「東流」互為消長的時候，究竟它所稱「黃河」是指哪一道，確有分析的必要。今查千乘（今廣饒）、高苑（今同名）兩縣下均注「黃河」，但宋河不經那兩縣是無疑的，所指應是「古黃河」，可以暫先不論。剩下的各縣，現在從滎澤起，約依自西而東的順序，排列如下：

---

[508] 《宋史》九三任伯雨說，「河流混濁，泥沙相半，流行既久，迤邐淤澱，則久而必決者勢不能變也」，正是這個意思。

[509] 《水利史》二二頁。

　　榮澤　原武　獲嘉×　陽武

　　延津×　汲　黎陽（今浚縣）×

　　臨河　濮陽　清豐　觀城×

　　鄄城　朝城　範×　陽穀

　　聊城　東阿×　堂邑×　高唐

　　平原　安德　商河　厭次

　　陽信×　渤海（今濱縣）×

　　試跟前節《元和志》的縣名相比較，《九域志》列出而《元和志》沒有提及黃河的計共九縣，用 × 來表示。其中延津縣，據馮集梧校文，「按《宋史·地理志》，延津，舊酸棗縣，政和七年改，此已書延津，當據宣和續修本屬入者」，是延津即《元和志》的酸棗。觀城縣，據《九域志》二，端拱元年，省臨黃入觀城，是觀城即《元和志》的臨黃。陽信縣，據《九域志》二，「大中祥符八年，徙棣州城及厭次縣於陽信縣地，復徙陽信縣於舊厭次縣」，是陽信即《元和志》的厭次。又渤海即《元和志》的蒲臺。此外，範縣是《元和志》的脫漏（見前節），獲嘉、黎陽、堂邑也許是一樣。較可疑的唯東阿一縣，《錐指》四〇下說：「今濮州東，東平州西，範縣東，陽穀縣東南，東阿縣北皆有舊黃河，即宋橫隴決河之所行也，自長清而下，則與京東故道合矣。」那麼，東阿的黃河當指橫隴故道。至於

「北流」下游所經的縣分，「東流」所經（除堂邑外）的夏津、將陵，《九域志》均未注「黃河」字樣，由此，可決它並未記及「北流」、「東流」那兩條新決的河道。

現在，再把《元和志》有黃河的縣分而未見於《九域志》的，列舉出來，共得十三縣：新鄉、酸棗、靈昌、白馬、頓丘、臨黃、武水、平陰、長清、臨邑、臨濟、鄒平、蒲臺。其中除長清、臨邑兩縣，今本《九域志》一齊州部分完全佚失，無可比較之外（但《金史‧地理志》有長清，見下節），酸棗即《九域志》之延津，臨黃即《九域志》之觀城，蒲臺即《九域志》之渤海，已見前文。新鄉，熙寧六年廢入汲縣（《九域志》二）。靈昌，後唐改為靈河（《輿地廣記》九），治平三年，廢入白馬縣（《九域志》二）。頓丘，熙寧六年省入清豐（同上）。臨濟，咸平四年省入章丘（《輿地廣記》六，今《九域志》一，章丘已佚）。白馬，今《九域志》一稱「有白馬山，□河」，所缺的字疑即「黃」字。平陰下，《九域志》一作「黃水」，疑即「黃河」的訛文。又宋無武水縣，據《金史》二五，聊城縣有武水鎮，可信在宋代已省入聊城。較可疑的，唯鄒平一縣，按照《元和志》一一，鄒平東南至淄州一百二十里（《錐指》四〇下：「唐鄒平故城在今齊東縣界」），黃河西北去縣八十里，又《九域志》一，鄒平在淄州西北七十里，是宋的鄒平縣治，比唐的縣治已東南移五十里，它西北距黃河已一百三十里，宋時的黃河

似已不闌入鄒平縣界了。

從《九域志》跟《元和志》的相互比對及分析，我們可以肯定《九域志》記錄的黃河，除去東阿之外，完全繼承著唐代的河道（即京東故道），對於宋代屢次沖開的新河，究竟行經什麼地方，則絲毫未提。

▌九、清汴的工程

汴河自身雖接受若干小水流，大部實靠黃河之分派（《宋史》九三，張洎稱：「汴水橫亙中國，首承大河」），宋人治汴最要的目標，是為他們的帝都供給線打算，而間接則與黃河有關，所以要研究宋代的河患，汴河是萬萬不能忽略的。

我們首先應問宋的汴河水路，比唐有無變更？今據《元豐九域志》卷一及卷五記汴河或汴水所在的地方，除去蕭縣特稱「古汴渠」[510]不計外，有下列各縣（依自西而東的順序來排列）：

滎澤[511]	原武	陽武	中牟
開封	陳留	雍丘（今杞縣）	襄邑（今睢縣）
寧陵	宋城（今商丘）	谷熟（今商丘）	下邑（今夏邑）

---

[510] 《寰宇記》一五《蕭縣》下也稱「古汴河」。

[511] 同上五二，汴渠在河陰縣南二百五十步，《輿地廣記》九同。

永城	酇（今永城）	臨渙（今宿縣）	符離（今宿縣）
虹（今泗縣）	臨淮（今盱眙）		

　　試跟前文第九節通濟渠對照一下，宋的汴河，可說完全沒有變化。

　　東漢王景治汴，曾設鬥門，就中如何調節，可惜史文不詳載（參前文第八節）。據《宋史》九三：「宋都大梁，以孟州河陰縣南為汴首受黃河之口，屬於淮、泗，每歲自春及冬，常於河口均調水勢，止深六尺，以通行過載為準。……其淺深有度，置官以司之，都水監總察之，然大河向背不常，故河口歲易；易則度地形、相水勢為口以逆之，遇春首輒調數州之民。」看這段紀錄，宋人管理汴河，已漸臻紀律化了。

　　唯是黃河多沙，黃易淤，汴也自然易淤（熙寧六年，「侯叔獻乞引汴水淤府界閒田。」[512] 又元祐元年，蘇轍言，「汴水渾濁，易至填淤」[513]，均可為證），政府的對策，就只有常常疏瀹，如下文所列舉：

　　太平興國三年（九七八年）正月，發軍士千人復汴口。（《宋史》九三，以下九條均同）

　　大中祥符二年（一〇〇九年）八月，汴水漲溢，自京至鄭州

---

[512]　《宋史》九三，就是現在的灌淤。
[513]　同上九四。

浸道路，詔選使乘傳減汴口水勢。既而水減，阻滯漕運，復遣浚汴口。

八年（一○一五年），定令自今汴河淤澱，可三五年一浚。又於中牟、滎澤縣各置開減水河。

天聖三年（一○二五年），汴流淺，特遣使疏河注口。

皇祐四年（一○五二年）八月，河涸，舟不通，令河渠司自口浚治，歲以為常。

熙寧四年（一○七一年），創開訾家口，才三月已淺澱，乃復開舊口。

七年（一○七四年），宋昌言視兩口水勢，請塞訾家口而留輔渠。

八年（一○七五年），侯叔獻言歲開汴口作生河，侵民田，調伕役。

九年（一○七六年），詔都水度量疏濬汴河淺深，仍記其地分。

十年（一○七七年），範子淵請將浚川杷具、舟船等分給逐地分使臣，於閉口之後，檢量河道淤澱去處，至春水接續疏導。

上述資料，最令人注意而且尤其重要的，就是汴河的淤澱，以汴口為尤甚，因此不能不頻頻疏濬（可參第九節東晉及

本節前文後周的加工）；並且，黃河流勢，變遷無常，汴口更須隨時轉換。考明清時代黃、淮並行入海，黃水倒灌，淤塞清口，則淮不得出；宋代汴本分黃，淤填汴口，則黃不能入；一出一入，事勢相逆，而其理實同。宋人知道常疏汴口，故漕運得以通行，明、清人不注意疏濬清口，故淮、揚屢受水害，比較來看，明、清人之治運，倒不如宋人治汴那麼周密。

　　黃入汴的流量，越多則壅塞越易，人們自然會設想到開闢較清的泉源，省去頻頻挑浚的麻煩（東漢建安二十四年曾引洛入汴，見第九節），「太祖建隆二年（九六一年）春，導索水自旃然與須水合入於汴」[514]，似乎就抱著這個目的。按照《水經注》五〈河水〉條，以索水為汜水之東枝，同書二三《汳水》條又稱，「亦言汳受旃然水」；但同書七《濟水》條則說，索水「出京縣西南嵩渚山，與東關水同源分流，即古旃然水也……索水又東北流，須水右入焉」，濟和汴的上游本來無別，是索、須二水，六朝時本來會入汴水的，大約那些地方河、汴亂流，故通塞沒有一定。

　　索、須二水無論是否通流入汴，要靠它供給全汴漕運，水力當然不夠，因而仁宗初年[515]（一〇三五－一〇三九年），郭諮有導洛入汴的提議。後到元豐元年（一〇七八年），張從惠

---

[514]　同上九三。
[515]　參前注 171。

以「汴口歲開閉，修堤防，通漕才二百餘日」，再請引洛水入汴。神宗遣宋用臣前往視察，回奏以為可行：「請自任村沙谷口[516]至汴口開河五十里，引伊、洛水入汴河，每二十里置束水一，以芻楗為之，以節湍急之勢，取水深一丈以通漕運。引古索河為源，注房家、黃家、孟家三陂及三十六陂高仰處，瀦水為塘，以備洛水不足則決以入（汴）河。又自氾水關北開河五百五十步，屬於黃河，上下置䦲啟閉，以通黃、汴二河船筏。即洛河舊口置水達，通黃河以洩伊、洛暴漲。古索河等暴漲，即以魏樓、滎澤、孔固[517]三斗門洩之。」

朝廷即依照他的計畫，以二年四月興工，六月畢工，呼作「清汴」，把原來的汴口封閉。但據後來責問，則自元豐二年到元祐元年，並非完全閉塞。[518]「瀦水為塘」的方法，當時人呼作「水匱」（《宋史》九四有「知鄭州岑象求近奏稱，自宋用臣興置水匱以來」的話），水匱就是「水塘」，這兩個名稱，廣州語尚通行著。《明史》加「木」旁作「櫃」（粵省用木製小型的也寫作「櫃」），從廣義來說，即現時的「水庫」。

元祐四年（一○八九年）的冬天，梁燾奏：「洛水本清而

---

[516]　《方輿紀要》稱，任村在氾水縣西南，沙谷在鞏縣東，自任村沙口至河陰縣瓦亭子達汴口，接運河。按依《宋史》本文，任村與沙谷口實同一地。

[517]　孔固門門在開封之西，見《宋史》九四，元豐六年下。

[518]　均《宋史》九四。

今汴常黃流，是洛不足以行汴，而所以能行者，附大河之餘波也。……為今之計，宜復為汴口，仍引大河一支，啟閉以時……牽大河水勢以解河北決溢之災。……臣聞開汴之時，大河曠歲不決，蓋汴口析其三分之水，河流常行七分也。自導洛而後，頻年屢決，雖洛口竊取其水，幸不過一分上下，是河流常九分也。」

至元祐五年十月，詔仍導河水入汴，[519]汴口可以洩黃河水勢，是千真萬確的事，但以「頻年屢決」，歸咎於導洛，卻有一點疑問。伊、洛原是匯入黃河的支流，把它完全引到汴渠去，未嘗不可減輕黃河一些負擔，或者舊黃河分入汴口的流量較多，也未可定。紹聖四年，「楊琰乞依元豐（二年）例，減放洛水入京西界大白龍坑及三十六陂，充水匱以助汴河行運」[520]，就是應用宋用臣的辦法。可惜宋、明、清的人只曉得用來接濟運輸，幾乎沒有利用過來分黃減洪，不知變通，也是河患滋長的原因之一。

尤其重要的，前人總抱著一種恐懼的心理，以為分水就可招致黃河的大量灌入，為害於別的地方。然而汴渠自後周疏導起，至北宋之末止，經過了一百六十餘年，甚而上推至王景治河之後，黃河並沒有大量灌入，為害於兩淮，可見調節得宜，

---

[519]　同上。
[520]　同上。

這是無須恐懼的。

《山海經・海內東經》，洛水「東北注河，入成皋之西」。《漢書・地理志》，洛水「東北至鞏入河」，其餘《水經注》五及一三也說洛水在鞏縣入河，《小谷口薈蕷》以為「洛水舊自鞏縣入河，今則過成皋，東至滿家溝入河」[521]。按《水道提綱》六，洛水「又東北流經鞏縣西北，而東北，至汜水縣之西北入河……此新洛口也」。這個新洛口是不是因宋人引洛入汴而有所改變，我們尚得不到什麼證據。

依本節之研究，可作出下文的結論：

到了五代，河決開始越來越密，而且多數在上游及滑、澶（今清豐）二州。唐末經過潘鎮割據，汴渠失去它的運輸供給作用，日久失修，後周為擴大政治勢力，曾屢次治汴，南接陳、潁，東南至泗上，東北出五丈河，在水利史裡面有其輝煌的成績。轉入宋代，河患並沒有減少，可是出事的地點，上游很少，多數在滑、澶以東，如果加以分析，似乎不得不承認：（一）汴渠通流，減少上游的危險。（二）滑、澶州堤束最窄，不能抵銷河漲，跟明、清時徐州的形勢有點相像。唐代河患事件傳下來的寥寥無幾，而薛平、蕭仿、朱全忠三事都發生在滑州（見第九節及本節），那可不是巧合了。（三）下游淤塞，所

---

[521] 《金鑑》五六。

以海口也屢次改變。

　　承接唐代下來的黃河河道，宋人稱作「京東故道」。一〇三四年決澶州横隴，在中游改變了一段新道，到長清後，仍循京東故道出海，這一段改道，宋人稱作「横隴故道」。一〇四八年從澶州商胡向東北決出，至乾寧軍（今天津附近）入海，宋人稱作「北流」。一〇六〇年又於大名東決為「二股河」，宋人稱作「東流」。以後北流閉了兩回，一在熙寧二年（一〇六九年），一在元祐八年（一〇九三年），東流兩次的歷史，合計不足十七年，最後一〇九九年東流斷絕，河遂專行北流。

　　宋代治河無長策，最壞的就是夾入黨爭的成見。一百六十餘年當中，氾濫到徐、泗的有了六回，受自然條件的阻礙，又缺人工改善的補救，黃河南徙，已到山雨欲來的境地了。

　　宋人偏重理論，蔑視現實，「北流」、「東流」經過什麼地方，都沒留下明確的記載。但已曉用水匱（廣義的水庫）蓄水助運及植樹保堤，可惜水匱制度，未嘗用以治河減洪。

電子書購買　　　爽讀 APP

國家圖書館出版品預行編目資料

黃河變遷史——東周至宋的歷代河事：鄹東故
大河斷流 × 河徙年代推因 × 濟水三伏考證 ×
汴河治理先例……滾滾黃河水，從史書而來！ /
岑仲勉著 . -- 第一版 . -- 臺北市：崧燁文化事業
有限公司 , 2024.07
面；　公分
POD 版
ISBN 978-626-394-482-4(平裝)
1.CST: 水利工程 2.CST: 歷史 3.CST: 黃河
682.82　　113009153

黃河變遷史——東周至宋的歷代河事：鄹東故大河斷流 × 河徙年代推因 × 濟水三伏考證 × 汴河治理先例……滾滾黃河水，從史書而來！

臉書

作　　　者：岑仲勉
責任編輯：高惠娟
發 行 人：黃振庭
出 版 者：崧燁文化事業有限公司
發 行 者：崧燁文化事業有限公司
E - m a i l：sonbookservice@gmail.com
粉 絲 頁：https://www.facebook.com/sonbookss/
網　　　址：https://sonbook.net/
地　　　址：台北市中正區重慶南路一段 61 號 8 樓
8F., No.61, Sec. 1, Chongqing S. Rd., Zhongzheng Dist., Taipei City 100, Taiwan
電　　　話：(02) 2370-3310　　傳　　　真：(02) 2388-1990
印　　　刷：京峯數位服務有限公司
律師顧問：廣華律師事務所 張珮琦律師

-版權聲明

定　　　價：375 元
發行日期：2024 年 07 月第一版
◎本書以 POD 印製
Design Assets from Freepik.com